ちょっと
おしゃれで
ずっと元気に
暮らす

村上祥子

PHP研究所

はじめに　～頑張らない。でも、あきらめない～

3人の子どもが巣立ち、6年前、夫も見送りました。
村上祥子《さちこ》、79歳。おひとりさまです。
料理研究家として今も現役で働き、好奇心も衰《おとろ》え知らず。
おしゃれして出かけるのも、人とおしゃべりするのも大好きで、
毎日元気にウフフと楽しく暮らしています。
時々「どこかにエンジン、ついてますか？」と、冗談まじりに、
後ろに回ってスイッチを探されてしまうくらいです。
いえいえ、もちろん、エンジンのスイッチなんてないんですよ。
ただ、この体を元気に上機嫌に動かすためには、たった一つのコツがあります。

それは、衣食住も生き方も、とにかくシンプルに！ です。

いくら元気に見える人でも、やはり若い頃とは違います。

特におひとりさまともなると、たとえば食生活ひとつとっても「買い物に行くのが面倒」「食べるのもなんだか億劫《おっくう》……」と、気持ちがのらない日もありますよね。そんなとき、モノがあふれた動きにくいキッチンでは、よけいやる気がしぼんでしまいます。


そうならないための知恵は、「手間がかかること」「難しいこと」「頑張らないとできないこと」を、身の回りからなるべく減らすことなのです。

モノは必要最小限に減らして、私の場合、クローゼットといっても壁に渡した１本のスチールパイプですが、かかっているのは30着の洋服だけ。

すべてが目に見えて手が届くので、着替えるときも欲しいものが一目で見渡せ、片づけも簡単。動きやすい流れができています。おかげで、頑張らなくても、毎日3食おいしく食べて、おしゃれもして、心はとても贅沢《ぜいたく》でいられるのです。

そんな私の暮らしぶりを、出版社の方が「ぜひ、紹介したい」とおっしゃってくださり、この本が出来上がりました。

食べること、装うこと、ちゃんと生きること。果たしてこんな話で役に立てるのかしらと、危惧《きぐ》するところもありますが、79歳でひとり暮らしをする私が、日々実践している習慣や心がけ、そして人生観を、思いつくままに書かせていただきました。

何か一つでも、みなさまの心に響くことがあれば、うれしく思います。

村上祥子

ちょっとおしゃれでずっと元気に暮らす　目次

第2章　レンチン料理で毎日おいしく

第3章

おしゃれの秘訣はスカスカのクローゼット

第4章 「持たない」暮らしで自分らしく

第5章 いいことは人が運んできてくれる

第6章 毎日を上機嫌で生きる

編集協力　金原みはる
＊
装丁　根本佐知子（梔図案室）
イラスト　omiso

第1章

ちゃんと食べて元気に若々しく

食べることは生きること

食いしん坊なんです。以前は、梅干しの種を奥歯でカチンと割って、なかの白い、いい香りの核《さね》を食べるのが好きでした。

ところが、30代後半のある日のことです。いつものようにカチンとやったら、その途端、まるで頭に杭《くい》を打たれたような、ものすごい激痛が走りました。

痛タタタ……。その場にうずくまると、見る間に顔が腫《は》れ上がり、高熱が出てきて頭がグランと揺れました。それが悪夢の始まり。

ありとあらゆる病院へ行きましたが、病名も治療法もわかりません。

すさまじい痛みと不安のなかで、「今度こそ」と、這《は》うようにしてまた別の病院を訪ねる日々でした。

当時の私は、まだ駆け出しの料理研究家で、元はといえば料理好きの専業主婦。

それが、婦人雑誌の料理コンテストで優勝したのをきっかけにマスコミにデビューさせていただき、さあ、これからというときでした。

3人の子どもも育ち盛りで、主婦としての仕事も手は抜けません。

寒い冬の夕暮れどき、「今日も病名がわからなかった」と肩を落として病院から家にたどり着き、寒さと痛みでガタガタ震えながら、オーバーコートを脱がずに上からエプロンをかけて夕飯の仕度《したく》をしていました。

やっと「慢性顎骨骨髄炎《がくこつこつずいえん》」という病名が判明したのは、あちこちの病院で60回以上も検査をしたあげくのことです。

20代の頃に抜歯した親知らずの処置が悪く、顎《あご》の骨のなかの骨髄が化膿《かのう》してしまっていたのです。完治するまでには、18本の抜歯と計10回の手術。そして4年の歳月がかかりました。

けれど、「ピンチはチャンス」とよくいわれるように、この病気がきっかけで、私は大切なことに気づきました。

それは、「人間は、食べることで命をつないでいる」という当たり前のことでした。外科的な病気は手術をすれば治ります。でも、体全体をイキイキと動かしてくれる生命のエネルギーは、食べ物からでしか得られないのです。

そのことに気づいたのは、手術後、イタリアから届いた生ハムを夫が病院まで持ってきてくれたときでした。

「口腔《こうくう》外科の手術後だから無理だと思ったけれど、黙って食べたら、人一倍食いしん坊のきみがどんなに怒るかと思ってね」

と、保冷箱を差し出したのです。

夫が帰った後、私はそれをナイフで小さく切ってゴクンと丸飲みしました。塩気が傷口にしみましたが、舌に残ったうま味に、しびれるような幸せが広がりました。その瞬間、「生きている！」という実感が湧《わ》きました。

大学で栄養学を学んできましたから、手術後の体にたんぱく質が必要なのはわかっています。歯で噛《か》めなくてもいい。とにかく食べ物を体内に入れさえすれば、胃が頑張ってちゃんと消化してくれるはずです。

私は、自分の体を信じ、生きるためにひたすら食べました。

口のなかはまだ手術の糸だらけなのに、病院の食堂で具沢山のちゃんぽん麺を注文したこともありました。

「おいしいものを食べる」と麺を飲み込む私の姿は、かなり鬼気《きき》迫るものだったのでしょう。別のテーブルに座っていた若い女性の研修医が、見てはいけないものを見たような顔をして、あわてて目をそらしたのを覚えています。

でも、これが生きるということなのです。

「人間の体は、食べたものでできている」

とは、古代ギリシャの医者で医学の父、ヒポクラテスの言葉です。まさにその通り。食べるからこそケガをしても傷が治り、病気になっても回復します。

そして食べるからこそ健康で、毎日笑って幸せに生きられるのです。

「ちゃんと食べて、ちゃんと生きる」

以来、それが、料理研究家としての私の信念となりました。

ちゃんと食べるためのラクちんキッチン

「お腹《なか》、空《す》いたぁ」「ごはん、まだ？」

そんな家族の声に急《せ》かされて日々台所で奮闘したのも、今は昔……。

ひとり暮らしになったら、「1食くらい食べなくても、まあ、いいか」とお菓子をつまんで終わり、という方もいらっしゃるかもしれません。

でも、それでは栄養不足。そのときはよくても、少しずつ体の調子を崩してしまいます。私の料理教室の生徒さんは、よく「お医者さまのお世話にだけはなりたくない」とおっしゃいます。

そうならないためには、1食1食、ちゃんと食べなければなりません。

1日3度の食事を、365日コンスタントに作り続けるのは、なかなか根気のいる仕事です。キッチンにモノがあふれていて、「お鍋を出すだけでもひと苦労」では、料理をする気になれません。

そこで私は、子どもが独立し、夫婦二人だけになった機会に、わが家を１ＤＫに改装。キッチンもシンプルに作り替えました。

居間も兼ねた6畳ほどのスペースには、シンクとＩＨコンロが１口付いた対面式の調理台。キッチンには小さな冷蔵庫と小型のキャスター付きワゴンだけ。食器棚もありません。

「えっ、これだけですか⁉」

初めてわが家のキッチンを見た方は、たいてい驚かれます。

そう、これだけ。でも、必要なモノに絞り込んだ、「これだけ」だから効率よく動けるのです。

これからのシニアは、「個」の時代の先駆者です。何歳になっても、自分のことは自分でやらなくちゃ！

だから、キッチンも、自分に負担をかけない〝ラクちん仕様〟がいいのです。

コンロは1口で十分です

よそのお宅へ伺《うかが》うと、3口のガスコンロとグリルやオーブンが組み込まれた、システムキッチンを見ます。一人や二人暮らしのシニア用分譲マンションを見学したときも、立派なシステムキッチンが入っていました。

でも、一人分の食事の仕度に、たくさんのコンロは必要ありません。

わが家のキッチンは、システムキッチンのシンクはそのまま残し、調理台の幅を54cmで切り落としたものです。その幅54cmのステンレス面をくり抜いて100VのIHコンロを1口付けました。

「これで料理できるんですか?」と、よく聞かれます。

ですが、蒸したり温めたりはコンロの下にセットした電子レンジで、魚を焼くならまたその下のオーブントースターを使います。

朝はワンパターン。凍ったますぐ使える冷凍パック（43ページ参照）をマグカップに移し、電子レンジ6分で味噌汁、電子レンジ1分で温泉卵、冷凍玄米ごはんは3分で解凍加熱。あとはチーズと納豆で朝食。だから、これで十分です。

食事は野菜から食べる習慣なので、味噌汁をいただくうちに、温かい卵とごはんができるという流れ。

そして、重宝しているのが、調理台の近くに置いたキャスター付きのステンレス製のワゴンです。25年前に渋谷のロフトで買いました。

上段にガラスの空きビンを3本並べて、

それぞれに、木べらやゴムべら、しゃもじ、泡立て器などの調理用具、箸《はし》&菜箸、スプーン&フォークを立てて収納しています。

他にも、軽量カップやまな板、調味料のビンもワゴンの上。鍋つかみはS字フックをかけて、そこに吊《つ》るしています。

料理に必要な基本的なツールは、全部、このワゴンで間に合うというわけです。どこに何があるかがひと目でわかります。

キャスター付きです。片手で引き寄せれば、必要なモノに手が届きやすいのも助かります。

少々、忘却力がついてきても、これなら当分の間、ひとり朝ごはんが続けられるでしょう！

「おひとりさま」の味方は小さなフライパン！

結婚したのは、大学を卒業した年でした。

夫は、福岡県八幡《やはた》市（現在の北九州市八幡東区）にあった製鉄会社のサラリーマン。モクモクと煙を上げる巨大溶鉱炉《ようこうろ》が見える社宅で生活が始まりました。

当時の鉄鋼業界は、日本の戦後復興と高度経済成長の要《かなめ》となる〝夢の産業〟でした。全国から志《こころざし》を持つ人材が集まり、会社には勢いがあって、職場の雰囲気も和気あいあいとしたものでした。

その延長で、わが家には、夫の独身寮住まいの部下が出入りして賑《にぎ》やかでした。外食できる場が少ない時代でもありました。

まぁ、よく食べる、飲む！「面倒見のよい奥さん」だったのでしょう。ごはん作りも亭主の仕事のうちと、私も張り切っておいしいものを作りました。

暮れには、おせち料理を２００人分も作っていました。元旦には、工場から上がって年賀の挨拶にみえるみなさんをもてなしていました。

やがて３人の子どもが生まれ、夫の転勤で移り住んだところで、料理教室を開くようにもなりました。

日本の家庭料理は和洋中華とさまざまです。キッチンには、土鍋やすきやき鍋、パスタ鍋……と、多種多様な鍋やフライパンが増えていき、家族とお客さま用の器《うつわ》やグラスもズラリと並びました。

活気に満ちた人生の〝祭り〟のような時期は、キッチンも華やかです。


夫と二人の生活になると、客人も気心の知れた人ばかり。かつて、朝食付き簡易宿泊所代わりに訪ねてきていた、二人の息子の友人たちも、それぞれの生活が忙しく、顔を出すこともありません。

結婚している人なら、まず二人の生活を経て一人になります。二人になったときに、キッチンを整理しました。不要になった調理道具は処分し、自分たちに必要なものだけを残しました。それがそのまま今のおひとりさまのキッチンです。

鍋とフライパンは、それぞれ2個ずつ。「茹《ゆ》でる」「蒸す」「煮る」は電子レンジを使うので、鍋の出番はそう多くはありません。

鍋は片手鍋（９００㎖）が1個で、フライパンは、大（直径26㎝）と小（直径22㎝）の2個です。なかでもよく使うのは、小さいほうのフライパンです。

小さなフライパンは、オムレツや目玉焼きを焼いたり、肉や魚をソテーしたり、かき揚げを作るときに使っています。油をカップ１（２００㎖）注ぐと深さ約１㎝となり、これで天ぷらもかき揚げもカラリと揚がります。

揚げ油は、冷めたら茶こしでこしながら柄《え》のついた耐熱ガラスの計量カップ（５００㎖）に移し、ワゴンの下段で保管します。

炒めものをするとき、このカップの油を使います。無駄にはなりません。

大きいほうのフライパンは、息子家族が来たとき、土鍋やすき焼き鍋の代わりに使っています。

「これは○○用の鍋」と、こだわらないようになりました。

直径11㎝くらいの小鉢（ボウル）が便利

年を重ねるとこだわりが減っていくのでしょうか？

器も同じです。和食用、洋食用と、決めなくても。

私のところでは、直径11㎝くらいの小鉢（ボウル）が活躍。

ニース、トルコ、シチリア、横浜中華街で求めたもの、そして地元の有田焼も……、好きな色や絵柄《えがら》のものなどさまざま。

このサイズは、汁もの、サラダ、肉じゃが、おひたし、刺し身など、一人分を盛ると形がよいのです。

器が大きくないと、縁の色模様が料理の景色を助けてくれます。

元働いていた人や昔の教え子が仕事帰りに寄ってくれたときも、小鉢で一緒に食事をとります。

色とりどりの小鉢が並ぶと、
「わぁー、可愛《かわい》い！」
と歓声が上がることもあるんですよ。

そして、いざ大皿が必要というときには、キッチンの壁に、インテリアとしてマジョルカ焼きの皿を3枚飾っているのですが、それを壁から外して洗い、食器として使用するのです。

普段はインテリア、いざとなると食器に。一石二鳥とはこのことですね。

シンプルキッチンの秘訣は「見える収納」

お客さま用に揃えた器や、いただきもののセット皿……が、棚の奥でホコリをかぶったりしていませんか？　私は、父から譲られた古伊万里《こいまり》は写真額の横に飾り、あとは生徒さんが趣味のお食事処を開くときに引き取ってもらいました。

ひとり暮らしの友人で、毎日の器は食洗機のなか、という人もいます。そこから出して食事をし、食べたら食洗機で洗うのだそうです。ひとりで毎日使う食器は、そう多くはないということです。

飯茶碗、汁椀、小皿、中皿、鉢。自分用に好きなものを1個ずつ残したら、あとは思い切ってバザーに出すなりして片づけてもいいですね。

夫婦二人だけになったとき、娘がいた部屋を改装して1DKにしました。食器棚の代わりに、壁に2枚の板を大工さんに取りつけてもらい、ペンキ屋さんにアイリッシユグリーン（淡い若草色）に塗ってもらいました。食器は各2客、そこに置ける分だけ。毎日使って洗って拭《ふ》いて元の場所に戻すの繰り返しです。前述とは少々矛盾しますが、おひとりさまでも同サイズを各2個持つという手もあります。重ねが利きます。

棚の下段にはフックをつけて、マグカップや計量カップを吊るしています。

オープン棚のいいところは、すべて「見える」ことです。見えるからこそ、使いたいものがサッと手に取れて、使った後、戻すのも簡単なのです。

前述したキッチンワゴンのように、調理道具や調味料も見えるところにあれば、調理もサクサク進みます。見えるからこそ、清潔にしておこうと、まめに働く気にもなります。

シンプルキッチンの秘訣は、「見える収納」にして「流れ」を作ることです。

冷蔵庫を「見える化」する

長年使っていた大型冷凍冷蔵庫（冷蔵室350ℓ冷凍室148ℓ、計498ℓ）が、ついに寿命となりました。

そこで買い替えたのが、これまでの1／5容量の冷凍冷蔵庫です（冷蔵室71ℓ冷凍室32ℓ、計103ℓ、幅48㎝×奥行58㎝×高さ113㎝）。

1日3食1週間分として、フリーザーに冷凍ごはん1個150gパック21個＋1人分冷凍パック（たんぱく質食材50g＋野菜100g）21個が入ります。

冷蔵室に野菜、果物、牛乳、水、卵、チーズ、お菓子などを入れて、買い足しをしないで1週間暮らしてみました。

この1／5容量の冷蔵庫でさえ、余り食材が出て食品ロスが起こりそうになることもありました。

冷蔵庫もキッチンの収納と同じ。開けたら中身がひと目で「わかる」くらいのスッキリさが必要です。

そこで、なかが透けて見えて電子レンジ加熱もできる、ポリプロピレン製のフタ付きの保存容器を活用。

食べ残しの総菜、下ごしらえした野菜など、容器に入れて収納すれば、どこに何があるか一目瞭然《いちもくりょうぜん》。容器のサイズを揃えておけば重ねられるので、スペースが無駄になりません。

冷蔵庫には、ワインオープナーや缶切りなどの小物も入っています。

「どうしてこんなものまで冷やしておくの!?」と笑われます。

それには「探し回る手間をなくすため」と答えています。

これもムラカミ流の「見える収納」です。

買い物リストで「ついうっかり」をカバー

「忘却力」は、人生のベテランだからこそ身につく才能だと思っています。

でも、日常生活の「つい、うっかり」は減らしたいものです。

その工夫の一つが、買い物です。切れた調味料やコーヒー豆など、そのつど1枚の紙に書き留めておきます。

私は、買い物は、基本的に1週間に一度。買い物デーの前日には、冷蔵庫の中身を全部出して庫内を掃除。

掃除を終えたら、日持ちする食品は戻し、肉や野菜など生ものは、フードプロセッサーでみじん切りにしてドライカレーやちらし寿司の具などに変身。

息子のお嫁さんに写メを撮って送り、尋ねます。

「ワッ、それ、いただきます！」

の返事がくれば、クール便で送ることも。

冷蔵庫がスッキリしたら、次の1週間分の買い物リストを作って、さあ、買い出しです。

1週間分であっても、5日分くらいの量をリストアップ。1パックに余分に入っていることもあり、これで十分、1週間食事ができるようです。

このサイクルが習慣化すると、冷蔵庫はいつもスッキリ。

効率よく買い物ができるように知恵を絞ると、脳の活性化になるかな？

シニア世代の〝三種の神器《じんぎ》〟とは？

電化製品の〝三種の神器〟は、時代とともに移り変わります。

私が大学生だった頃は、「白黒テレビ」「洗濯機」「冷蔵庫」がそれでした。

特に洗濯機と冷蔵庫は、女性を家事から解放してくれました。便利な時代になったなぁと実感したものです。

毎日の料理も同じです。手が込んだものはハレの日に外食でいただくことにして。

大切なのは、元気な体を維持するために簡単、手をかけなくていい、でも「必ず食べる」ことです。

そこで活用したいのが「電子レンジ」「フードプロセッサー」「圧力鍋」。

これを、私はシニア世代の〝三種の神器〟と呼んでいます。

●電子レンジ

大量調理なら鍋のほうが早いのですが、一～二人分なら電子レンジは「茹でる」「蒸す」「煮る」だけでなく、ソテーや揚げものまでおいしく仕上げてくれます。ワット数、食材の重さ、加熱時間をレシピ通りに作れば、失敗することもありません。とにかく簡単で調理時間も短縮できます。

消し忘れの心配がないのも、シニア世代には安心です。

●フードプロセッサー

主な機能は、「する」「つぶす」「刻む」「混ぜる」。みじん切りやミンチ、ペーストにするのに便利です。「みじん切りなら包丁で十分」と思われるかもしれません。でも、長時間立ちっ放しでの細かい作業はけっこうつらいもの。

私のスタジオの包丁仕事がみごとなスタッフも、この頃は「フードプロセッサーでいいですか？」と、尋ねるようになりました。

まだ馴染《なじ》みのない方もいらっしゃるでしょう。どなたか使っていらっしゃる方に、使い方を見せてもらうとよいでしょう。使ってみるとこんなラクな道具はありません。実習教室の生徒さんも、一度試すとみなさんハマってしまうようです。

●圧力鍋

私たちは通常1気圧の中で暮らしています。大気中では水の沸点は100℃。圧力鍋は沸点に達すると1・25気圧になり、内部を密閉して加熱すると水の沸点は118℃までになります。

そこで、普通の鍋で煮ると3〜4時間かかる硬いすじ肉や豚ばら肉なども、圧力鍋なら沸騰後弱火にして15分で、形はそのままで、とろけるように軟らかくなります。噛む力が弱くなってくるシニア世代にこそ、ぜひ使っていただきたいものです。

「爆発しませんか?」と怖がる方もいらっしゃいますが、正しく使えば事故は起きません。PSCマーク(消費生活用製品安全法の基準を満たしていることを示すマーク)のついた機種なら、安全装置がついているので心配ありません。でも、怖いという方は普通の鍋で時間をかけてゆっくり煮ましょう。

第2章

レンチン料理で毎日おいしく

電子レンジで人生が変わる！

先日、ある雑誌の企画で、男性の料理教室を開催しました。電子レンジを使って作るいつもの料理、肉じゃが、温泉卵、炊飯などです。

さすが男性の方は科学的なことには理解が速く、「食材100gにつき600Wで2分加熱」も、たちまち自分のものに。「ということは、かみさんが留守のときは冷蔵庫の残り物も100g2分加熱すればよいわけですね！」。


家庭用に電子レンジの販売が始まったのは、今から60年も前のこと。まだ若かった私にとって、それは〝ナゾの箱〟でした。発売当初は、家庭用の電子レンジ1台が日産のブルーバードと同価格だったと聞いたことがあります。

ある日、当時住んでいた大分市の体育館で家電フェアが開催され、新聞の折り込みチラシで〝電子レンジ〟が展示されると知り、出かけていきました。

「奥さん、電子レンジなら何でもあっという間に温められますよ」

満面の笑顔で売り込むセールスマンの言葉に、「本当かなぁ？」。

だったら試してみようと、山の上のアパートまで戻り、冷凍していた４人前のグラタンを抱えてタクシーで会場にとって返しました。

「これ、熱々《あつあつ》にしてください！」

期待で胸をワクワクさせ、私はジーッと電子レンジを見つめました。

ところが、20分たってもふつふつ煮立ったいつものグラタンにはなりません。

こんなことなら、これまで通り湯煎《ゆせん》しながらオーブンで加熱するほうがずっと速い
……と、グラタンを持って帰りました。

「グラタンを持ってきたあの奥さんは誰だ？」と、フェアの関係者のあいだで話題になったようです。最近、大分製鉄所の建設を始めた会社の奥さんらしいと、家電ショップの社長さんが山の上に立ったばかりの社宅（アパート）まで訪ねてみえました。

「フェアで使った中古品ですが、値引きしますから買ってくれませんか？　その代わ

り、使ってわかったことを私に教えてください」と。

それからは、家で試行錯誤、研究の日々です。

当時の日本には、まだ電子レンジのレシピ本はありません。東京にいた頃、米国婦人たちの教室用にアメリカから取り寄せて持っていた『Encyclopedic Cookbook』を参考に、とにかく実際やってみるのみです。

はじめのうちは、目玉焼きを爆発させたり、加熱し過ぎてパンをカチカチにしてしまったりと、失敗ばかりでした。


迷惑なのは家族です。毎日のように試作品を食べるはめになった、いつもは穏やかな夫が、あるとき「電子レンジなんか捨ててしまえ」と、雷を落としました。

まずいものを食べさせて申し訳ないと思いますが、簡単にあきらめ切れない私は、逆に奮起。試行錯誤の末、機能を科学的に解明し、使い方がわかってきたのです。

その後、料理研究家となった私は、「電子レンジ料理ならムラカミさん」と、認めてもらえるようになりました。

さて、そんな私からいわせてもらえば、電子レンジは決して難しいものでも恐ろしいものでもありません。

電子レンジは簡単にいうと、食品の持っている水分を電磁波が揺り動かして加熱する調理器具です。電磁波とは空気中を流れる電気のこと。空を飛ぶ電磁波を利用してテレビやラジオを受信したり、携帯電話や鉄道の自動改札機に応用されるなど、私たちの暮らしになくてはならないものです。

電磁波漏れが不安という人もいますが、日本では「電気用品安全法（旧・取締法）」に基づき、その数値は「5センチ離れて1ミリワット以下」と定められています。これは携帯電話の10分の1、自動改札機の7分の1という厳しさです。

また、電磁波が直接食品に当たるといっても、電磁波によって揺り動かされるのは水分のみです。携帯電話での通話の後、切れば人間には何も残らないように、電子レンジで煮炊《にた》きしても、取り出せば食品には何も残りません。

ただ一つ、加熱しているときは最低1メートルは離れ、チンと鳴ってからドアを開けるように。これさえ心がければ、安心して料理を楽しむことができるのです。

ごはんをチンして、おいしく食べる

ひとり暮らしでごはんを毎日炊くのは億劫です。

炊飯器でまとめ炊きして保温してもいいのですが、でんぷんが劣化して、変色やイヤなにおいの原因になってしまいます。

そこで私は、まとめて3合炊いて、小分けにして冷凍しています。

手順は次の通りです。

①熱々のごはんを茶碗1杯分（150g）ずつ小分けする

②蒸気を閉じ込めるつもりで湯気ごと電子レンジ対応のふた付き容器に入れ、ふたをする

③常温まで冷まして、冷凍庫へ入れる

冷凍本には、「ラップで平らに包んで冷凍する」方法が紹介されています。でも、ラップは空気を通すので、ごはんの劣化を防ぐためには、さらにポリ袋に入れて冷凍しなければなりません。

冷凍ごはんを解凍加熱するときは、容器のふたを開けて水大さじ1を加え、電子レンジ６００Wで2分30秒チン！　ごはんはふっくらホカホカ。炊きたてのようになります。「１００gにつき６００Wで２分」ルールからすると加熱時間が短いのですが、１００℃近くまで温めたごはんは熱過ぎて食べられたものではありませんから。

冷凍した発芽玄米ごはんの場合は、１５０gにつき電子レンジ６００Wで加熱時間は３分。炊きたてより、冷凍・解凍加熱したほうが、さらにシコシコしておいしくなります。

冷凍せずに冷蔵庫で保存したごはんも、温めるときは水大さじ1を足し、１５０gにつき電子レンジ６００Wで1分30秒加熱してください。

ところで、電子レンジでごはんも炊けることをご存知ですか？
２００７年より10年間、アメリカでＨＰ（ホームページ）をアップしていました。普段は主食ではない米飯や玄米ごはん（Brown rice）の質問が多かったです。

洗った米１カップ（２００㎖）を耐熱容器に入れて、水１・３カップ（２６０㎖）を加え、ふた、または両端を少しずつ開けてラップをしたら、電子レンジ６００Ｗで５分加熱。あぶくがブクブク上がってきたら、弱（１５０〜２００Ｗ）または解凍キーに切り換えて12分加熱で出来上がり！　新婚のスタッフは「家に帰るとまず、電子レンジでごはんを炊きます」と、言っていました。

子どもの食育教室でも、この方法で電子レンジでごはんを炊きます。乾物の米が水を加えて熱することでふっくら温かいごはんに変わり、水がなくなっていく様子を見ると、子どもたちは感動します。
炊飯器では、「米」が「飯」に変わる様子を見ることはできませんから。

「冷凍パック」で手軽にごちそう

「この人レンチンしかできないんです！」。ご主人のことをある方がこうおっしゃいました。でも、レンチンができれば上等じゃありませんか。

コンビニに行けば1食分、加熱ずみの真空パックのビーフシチューやほっけ焼きなどが手に入ります。今のコンビニは「コンビニ」と呼んでよいのかと思うほど種類が豊富なうえにおいしく、完全加熱ずみパックですから防腐剤の心配もありません。

「とにかく作るのが面倒！」と、シニア世代の方はおっしゃいます。

若い頃は食べ過ぎが心配でしたが、今はそれより食べ不足のほうが問題です。作る手間はかけなくてもいい。ラクして簡単！　でも、できたてを3食食べている人のほうがいつまでも若く、気力十分でいられます。

そこで私が提案しているのが、「冷凍パック」です。

これは、1食分の肉や野菜を詰めて冷凍した、いわば〝おひとりさまパック〟。レンチン1回で、誰でも失敗なく料理を作れます。

最近、宅配や生協、一部のコンビニで「ミールキット」と呼ばれる食材セットが人気ですが、「冷凍パック」は、家庭で手軽にできる「ミールキット」と考えるとわかりやすいかもしれません。

たんぱく質食材50gと野菜100gを食べやすく切り、Sサイズのフリージングバッグに入れて口を閉じて冷凍。これで1食分です。たんぱく質は、ソーセージやかまぼこなどの加工品や、油揚げや豆腐などの大豆製品でもOKです。

「えっ、お豆腐って冷凍できるんですか?」と生徒さんに驚かれました。

豆腐は冷凍すると「す」が入り茶色っぽくなりますが、チンするとまた真っ白な豆腐に戻ります。

野菜も、合わせて100gになれば、種類や品数、組み合わせは自由です。私はにんじんの先っぽや大根の葉っぱなども切って、100gに組み合わせて、詰めます。

1977年には『余裕派の手作り』という単行本で、ホームフリージングについて書きました。そのときは茹でて水にとって冷まし、水気を絞り、切って小分けして冷凍しています。今は冷凍能力が格段に上がり、生のまま冷凍しても大丈夫です。

ひとり暮らしの方は「材料を切ることさえ億劫になり、1食抜いてしまうこともある」とおっしゃいます。切った野菜やたんぱく質食材の冷凍パックをいくつか作っておけば、食べたいときにパックを開けて耐熱容器に移してチンするだけ。味付け次第で、汁物、あえ物、即席麺のトッピングにと早変わりします。

たとえば、「豚の薄切り肉50g＋ピーマン&しめじ100g」の冷凍パックがあったら、こんなレシピはいかがですか？

- 豚汁……水120㎖と液味噌大さじ1を加えてレンジで6分チン
- マリネ……4分チンして、好みのドレッシング大さじ1を加えて混ぜる
- ポークチリごはん……「エビチリの素」一人分を加えて3分チンしたら、温かいごはんにかける

（すべて電子レンジ600W）

市販の「ミールキット」と違って自分で味付けを楽しめるのが「自家製冷凍パック」。鍋やフライパンもいりません。

私はこの「冷凍パック」を1週間分、1日1~2個計算で10個ほど作り、毎日の献立に使っています。冷蔵庫の残りもので作っているので、何を入れたかすっかり忘れていることも。

昨年3月、わが家のフリーザーに入っていた冷凍パックを、東京のNHKテレビのスタジオへクール便で送り、番組で紹介したことがありました。

アナウンサーの方が「先生、このパックの中身は何ですか?」の質問に、「ええっと、何だったかしら? あっ、エビの天ぷらを作ったときの余りです」と言って、オブザーバーに大笑いされたくらいです。

でも、それもまた「冷凍パック」のいいところ。「今日は何が出てくるかな?」とワクワクしながら調理するのも、楽しみの一つです。

出演されていた俳優さんが、「冷凍パックでレンチン・バーでもおやりになったら、僕、行きます！」と太鼓判を押してくださり、内心「それも悪くないなぁ」と思った私です。バーとはいわず、レンチン定食屋さんでも開きましょうか（笑）。

「50と100」と覚えてください

前項で紹介した「冷凍パック」のルールは一つ。

「たんぱく質50g＋野菜100g」、これだけです。

なぜ、冷凍パックが「50と100」なのかといえば、これでシニア世代に必要な野菜の1食分とたんぱく質の半量が摂れるからです。

厳密にいえば、たんぱく質食材は1食に100gです。しかし、肉100gでためしてみましたが、汁物には肉が多過ぎ。足りない分は、卵1個とか納豆1パックで補充するとよいですね。

とにかく、私たちの体を元気に動かしてくれるのは、「たんぱく質100g＋野菜100g」。冷凍パック料理に限らず、これがちゃんと食べるための基本です。

このシンプルなルールさえ頭に入れておけば、誰でも難しい計算なしに栄養バランスが取れるのです。

『徹子の部屋』（テレビ朝日系）に出たとき、黒柳徹子さんが「50と１００ね」と繰り返し言ってくださったおかげで、冷凍パックの基本もだいぶお茶の間に浸透したようです。

地元のスーパーで買い物中のお客さまが、「お母さーん。50と１００の人がいるよ！」と叫んで、年配のお母さんを引っ張っていらっしゃいました。

その後、ツーショットでパチリ。

みなさんも、毎日の食事作りにぜひ、冷凍パックの「50と１００」をお忘れなく。

たんぱく質食材50gと
野菜100gの「冷凍パック」
を作っておけば

耐熱容器に
移してレンジでチン。
ポン酢やドレッシング、
お好みの味つけで
どうぞ！

お茶もおかずもマグカップで

まだ外が真っ暗な午前4時。起きたら、朝のティータイム。といっても、やかんでお湯を沸《わ》かしてティーポットを温めて……なんていう面倒なことはしません。

マグカップの7分目まで水を注いで、紅茶のティーバッグを入れ、ラップはかけずに電子レンジで2分チン。ティーバッグを外し、牛乳と砂糖を加えて、ミルクティーをゆっくりいただきます。そして、「にんたまジャム®」（私が考案した自家製健康食品。作り方は64ページを参照）も1さじいただき、ミルクティーをもう1回作ります。

ちなみに私は、日本茶も電子レンジでいれています。マグカップの8分目まで水を注ぎ、日本茶のティーバッグ1個を加えます。

600Wで1分10秒チン。紅茶と違って日本茶のときは、湯の温度を低めに抑えるため、加熱時間も短くなります。

さて、そんな日々を過ごすうち、あるときハッと気づきました。

このマグカップで一人分のおかずを作ってもいいのではないか……と。

マグカップにおかずやごはんを入れちゃいけないという決まりはありません。

それにマグカップは、レンチンしても取っ手の部分は熱くならないので、出し入れしやすいし、器としてそのまま食卓に出せるので、洗い物が減り片づけもラクになります。

たとえば、一人分の味噌汁なら、マグカップに液味噌大さじ１、水（１５０㎖）を入れて、豆腐やわかめ、切った野菜など好みの具材を加えます。ラップをかけずにそのまま電子レンジ（６００Ｗ）へ。４分加熱すればでき上がりです。

このように材料と調味料をマグカップに入れてチンすれば、汁ものだけでなく、肉料理、魚料理、野菜料理と、簡単におかずが一人分できてしまいます。

徹子さんも絶賛！ レンチン・ビーフシチュー

これから電子レンジを購入なさるなら、電子レンジ機能だけのシンプルなものがおすすめです。出回っているのは、オーブンと電子レンジの1台2役をうたうオーブンレンジが主流です。けれど、一度オーブンを使うと庫内が200℃くらいになり、冷めるのを待たないと電子レンジが使えないタイプもあり、不便です。

そして、もう一つの理由。電磁波（マイクロウェーブ）はマグネトロンという二極真空管から発射されるのですが、電子レンジの生命線ともいえるマグネトロンは高熱に大変弱いのです。オーブン機能を使えば使うほど、電子レンジ機能が落ちるのです。

電子レンジ機能だけのシンプルなものなら1万円以下で手に入ります。

電子レンジを使うときの基本は、料理の種類を問わず、冷凍品も冷蔵品も常温のものも、100gにつき電子レンジ600Wで2分加熱です。凍っていようと凍っていまいと、食材に含まれている水分の量は変わらないからです。

「ビーフシチューを食べたいな」と思っても、一人や二人分の材料を炒めてコトコト煮込んで……と考えると、ちょっと引いてしまいます。でも電子レンジなら、ものの8分もあれば、おいしく作ることができます。

「本当にレンチンしただけ？」と、よく尋ねられます。

固形のカレールウやシチューのルウの外箱を見ると、原材料名に豚脂《とんし》や牛脂の表示があります。ルウにはすでに脂分が含まれているのです。電子レンジで作るときは炒め油を使わなくても、十分おいしさが引き出せるのです。

『徹子の部屋』で披露したのもマグカップで作るレンチン・ビーフシチューでした。

「うわぁ、お肉に味がしみてておいしい！」と完食してくださった徹子さんの笑顔が忘れられません。

鍋で作るビーフシチューは油で炒めてうま味をなかに閉じ込めますが、電子レンジ加熱では、肉や野菜に含まれる水分子のOH^-とH^+極を電磁波の＋極と－極が揺り動かして調理するので、牛肉の細胞一つひとつにルウの味がしみ込んでいきます。

レンチン・ビーフシチュー

●材料●

牛肉（焼肉用）50g、たまねぎ1／6個（30g）、にんじん2㎝（20g）、じゃがいも小1／2個（50g）、好みでさやいんげん1本（野菜は合わせて100g）、水150㎖、市販のハヤシルウ（フレーク）大さじ1、またはビーフシチュールウ1／2かけ（10g）を削ったもの

●作り方●

① 耐熱ボウルに水150㎖を注ぎ、ルウを加えて混ぜる。

② ①にまず牛肉を、そして食べやすく切った野菜を加える。

③ ②を、ラップをかけずにレンジ（600W）で8分加熱。

早寝、早起き、朝ご飯！

夫は働き盛り、子どもたちは育ち盛り。そんな時代の朝は大忙しでした。

毎朝4個のお弁当用にごはんを炊き、おかずを作り、冷まします。ごはんの量が夫と息子たちで違います。ハンカチで包み、各々の名札をつけて玄関の上がり框《がまち》に並べます。息子が朝食用のトーストを焼き、テーブルにはサラダやボイルしたソーセージ、卵料理。そしてヨーグルト、コーヒー、紅茶、牛乳を並べます。

夫と子どもたちが賑やかに食事。

いつもトーストにバターを塗ってくれる末の息子が「おーい、ジョン！　クマ！」と台所の窓から愛犬を呼ぶと、庭の奥からジョンもクマも走ってきてバタートーストをナイスキャッチ！

懐かしい朝の光景です。

今は、たったひとりの静かな朝。でも、早起きの習慣は以前と同じです。「さあ、一日の始まり」。しっかり朝食をいただきます。

食欲がないからと、朝食をとらない方もいらっしゃいますね。けれど、それではその日一日元気に動く力が湧きません。

最近では「時間栄養学」という考えが広まっています。「何をどれだけ食べるか」の食事バランスだけでなく、「いつ、どのような比率で食べるか」も大切だという考え方です。

それによれば、朝食を抜くと、体が自動的に〝エネルギー節約モード〟になって、その日の活力が低下してしまうのだそうです。

なんとなく憂《ゆう》うつ、やる気が出ない……。それは心の問題ではなく、朝の栄養分が足りないせいかもしれません。規則正しいリズムで早寝、早起き、そして朝食をとることが大切です。

もちろん、旅館の朝ごはんのように何品も作る必要はありません。

私の朝食は、発芽玄米ごはん（発芽玄米2：白米1）に温泉卵か納豆、またはチーズ、「50と100」の冷凍パックの味噌汁ですが、それで十分です。発芽玄米ごはんはカリウムが多いので、味噌汁の塩分を排泄《はいせつ》する働きもしてくれます。

仕事で出張するときは、朝、発芽玄米ごはん150gで梅干し入りのおにぎりを1個にぎって、バッグに入れます。いつか、小田急線のなかで、食べそびれていた昼食代わりに、このおにぎりを食べて、メーカーの打ち合わせに出かけました。会議のテーブルの真向かいに、さっき電車で一緒だった方！　といったこともありました。

炭水化物に含まれる糖質は、脳を元気に動かすための大切な栄養源です。おにぎり1個（150g）で、そのブドウ糖は約50g。これだけで脳は8時間働いてくれる計算です。

〝腹が減っては戦《いくさ》はできぬ〟ではありませんが、朝から晩まで頭も体もフル回転させるためには、三度の炭水化物があってこそ！　頼もしい味方です。

また、飛行機での移動が多いので、遅延など何かアクシデントがあったときの非常食にもっていこい。バッグの中に入れておくだけで安心できるのです。

このように、炭水化物は大切な栄養素です。ただ、食べると誰でも血糖値が上がってしまいます。この状態が長く続くと体内の糖化が進み、糖尿病のリスクも高まります。

糖尿病は、血管の壁が壊れやすくなったり詰まったりする病気ですが、同時に老化を加速させることもわかっています。アンチエイジングのためにも、日頃から食後の血糖値上昇を抑える工夫が大事です。

宇宙飛行士も、血糖値の乱高下《らんこうげ》を防ぐ食事のとり方のトレーニングを受けるそうです。

血糖値を上げない食べ方にはコツがあります。

まずは、よく噛んで食べること。そして、食べる順番を〝おかずファースト〟にすることです。

特に野菜やきのこ、海藻などの食物繊維は、糖の消化・吸収を遅らせてくれるもの。最初に食べると、後でごはん（炭水化物）を食べても血糖値の上昇を抑えてくれます。

野菜は生より加熱したほうが栄養成分が吸収されやすくなります。

私は朝、サラダより野菜たっぷり味噌汁にしています。

また、パンとごはんとでは、ごはんのほうが粒食なので消化に時間がかかり、血糖値の上昇はゆるやかになるといわれています。

介護食とは、豊かで成熟した人のための食事

第1章の冒頭に書いたように、慢性顎骨骨髄炎という病気で18本の歯を抜いて顎骨を切開する手術を受け、4年間にわたる闘病生活を経験しました。

病名がわかって治療を受けるまでは、MRIに入るために投与された造影剤で意識を失い、その後、助かりましたが、10日間声が出ない状態になったこともありました。

「このまま死ぬかもしれない……。死ぬときはひとりなのだ」と悟りました。

無事生還して義歯が入ったときは、うれしくてひと安心。

早速、用事があって夫と上京し、銀座のイタリアンレストランで、生け簀《いす》に泳いでいたイカや手長エビをグリルしてもらいました。

いざ口に入れたら、痛くてまともに嚙むことができません。

九州に戻って主治医に話したところ、「義歯を入れたら調整が必要です。いきなりイカやエビなど食べる人はいませんよ」とあきれられました。

義歯を入れたら何度も調整して馴染ませるのだそうです。

病院では、手術後の絶食時期を過ぎると、まず「流動食」、次に「すりつぶし食」、そして「刻み食」へと進みます。けれど、口のなか以外は健康な患者にとって、それは何とも味気なく、気力を削《そ》がれるものでした。

人間にとって「食」とは心の栄養でもあるのです。

そんな体験から、嚙んだり飲み込んだりが難しい方の介護食が、管理栄養士としてのライフワークになりました。

介護食というと、素材をミキサーにかけてポタージュ状にした「ミキサー食」や、細かく切った「刻み食」が当たり前と思われています。

確かに「ミキサー食」は飲み込むには適しています。でも、いくら目の前で、ミキサーにごはんと豚汁を入れて攪拌《かくはん》してもらっても、どろどろのグレーの液状の食事では食欲が湧きません。

歯茎《はぐき》と舌だけで食べるしかない人でも、舌触りや料理の持つ香りや味を感じることで脳が活性化され、食べる喜びにつながります。

また「刻み食」は、口のなかで食べ物がまとまりにくく、なかなか飲み込むことができません。歯という壁がないので、細かな食材が口じゅうバラバラに散らばり、困り果てました。

父の晩年、漬け物をみじん切りにして出していましたが、あれは違っていたなぁ……と。

この体験を通して、そんなことにも気づきました。

刻んだ食材は、とろみのあるおかゆや軟飯に混ぜると食べやすいです。

高等学校の教諭になった教え子から、老人の食事の実習講座に招かれました。

家庭科の教科書には、「お年寄りには和食を中心に野菜をたっぷり」との記述がありますが、これもすべての人に当てはまるわけではありません。

人間は、人生の最盛期に食べたものを「おいしい」と記憶しているといわれます。たとえどんなに高齢になっても、40代、50代の元気なときに家族と一緒に食べたグラタンやハンバーグ、トンカツが食べたいのです。

父も最後までステーキが好きでした。お寿司が大好きで、イカの握りが食べたい人もいるでしょう。年をとったからといって、飲み込みやすいドロドロのものが食べたいわけではないのです。

介護食は、離乳食とは違います。人生の酸《す》いも甘いも経験し、料理の味がわかったおとなの体を養う食事です。

食べ慣れた料理や好物を選び、つぶし過ぎない程度に軟らかく。そして形や彩り、香りにも気を配って工夫したいものです。

自家製健康食品

「にんたまジャム®」を作ってみませんか？

●材料●　できあがり460ｇ（大さじ25杯分）

たまねぎ500ｇ（正味）、にんにく100ｇ（正味）、水100㎖、砂糖60ｇ、レモン汁大さじ２（30ｇ）

●作り方●

① たまねぎは皮をむき、上下を切り落とし、十字に４等分に切る。にんにくも皮をむく。

② 耐熱ボウルに、焦げやすいにんにくを先に入れ、たまねぎをのせ、水を注ぎ、ふんわりとラップをかけ、電子レンジ600Wで14分加熱する。

③ ②を汁も一緒にミキサーに移し入れ、砂糖、レモン汁を加え、なめらかになるまで回す。

④ 耐熱ボウルに戻し、ラップをかけずに電子レンジ600Wで８分加熱して煮詰める。

⑤ 熱いうちにきれいなビンに移し、フタをする。

※常温で１週間、冷蔵で１カ月保存できます。開封後は冷蔵庫に入れてください。

※１日の摂取量の最少の目安は大さじ１（13kcal）です。

第3章

おしゃれの秘訣は スカスカのクローゼット

おしゃれをあきらめない

私は、１９４２（昭和17）年、九州の福岡県若松市（現在の北九州市若松区）で生まれました。

父は、もの静かな性格で、絵を描くことが好きでした。トレンチコートと中折れ帽が似合うダンディな人で、映画『カサブランカ』に出てきたハンフリー・ボガートに似ていました。今も私の仕事場に、父が二十歳《はたち》の頃に描いた自画像を飾っています。なかなかのハンサムボーイです。

母は、そんな父と東京の銀座で出会ったそうです。母は母で、当時まだ珍しかった洋服を颯爽《さっそう》と着こなす〝モダンガール〟だったといいます。

そんな両親のもとに生まれた私ですが、物心ついた頃はまだ戦争が終わったばかり。日本中が食べるのにやっとの貧しい時代で、おしゃれどころではありませんでした。

それでも楽しみだったのは、クリスチャンの母が、アメリカから教会に送られてきた救援物資のなかから生地を選んで、私と妹のために洋服を縫ってくれることでした。

柔らかなウールのコートやウールのセーターもありました。古着でしたが、手に取るとかすかにラベンダーの香りがして、まだ見ぬ豊かな国に憧《あこが》れたものです。

その後は、日本の経済発展とともに、私もおしゃれの歴史を重ねます。

DCブランドと呼ばれる日本発のファッションがブームになった頃は、東京の社宅住まいだったので、青山界隈《かいわい》によく出かけました。

当時夢中になったのは、松田光弘さんの「ニコル」や川久保玲さんの「コム・デ・ギャルソン」など、新進気鋭のデザイナーが作る服でした。

川久保玲さんは、父の慶應義塾大学時代の同級生のお嬢さんで、私とは年も同じ。「コム・デ・ギャルソン」の服を買いました。

丈の長いコーデュロイのミリタリールックや、プラスチックのジャラジャラしたブレスレット。今考えると、私のようなおチビさんじゃ台無しね、と気恥ずかしくなります。でも当時は、そんな新しいファッションに身を包むのが楽しく、誇らしかったのです。

表参道あたりは、まだ今のような華やかさはなく、住宅街にやっとポツポツと小さな店ができ始めた頃の話です。

私と同じ年配の女性は、そんな日本のファッション創世記を肌で感じてきた世代です。もともと流行に敏感なおしゃれ上手さん。

シニアになっても、やっぱりおしゃれしていたい！

外見を整えれば気持ちも明るくなって、いつまでも若々しく元気でいられます。「ちゃんと食べて、ちゃんと生きる」がモットーの私ですが、装いを楽しむのもまた、「ちゃんと生きる」ことの一つなのです。

私の洋服は全部で30着！

夫が亡くなり、共有していたクローゼットもガラガラになりました。その広いスペースの端っこに、今は私の服だけが並んでいます。

在《あ》りし日の夫に遠慮して、場所を空《あ》けているというわけではないんです。

おしゃれは大好きですが、もともとモノはたくさん持たない主義。気に入ったものだけを選んで買って、長く着る性分です。

数えてみたら、スーツは上下で2着と計算しても、全部で30着。

「30着⁉　本当にそれで全部ですか？」と驚かれるかもしれません。

でも、本当にホント。しかも夏服、冬服の区別もなく、オールシーズンこの30着を着回して日々を過ごしています。

ちなみに、その内訳は、

・パンツ　2着
・スカート　7着
・ワンピース　3着
・ニット（サマーニット、カーディガンを含む）　8着
・ブラウス　3着
・ジャケット　4着
・コート　2着
・喪服　1着

これが全部で、あとは寝間着《ねまき》とガウンがあるだけです。

若い頃は、背中がV字に開いたワンピースなどを買い求めたこともありました。でもさすがに今は、背中をお見せすることはありません。

それに、どこへ行ってもクーラーがよく効いていますから、夏のブラウスどころか、ジャケットが必要です。

冬のコート以外は、オールシーズン使えるものを選ぶようにしています。「普段着は？」と聞かれますが、朝起きて、たとえばニットとパンツに着替えたら、たいてい一日中その服装です。

走ってコンビニへ行くときもこのままですし、家事や仕事のときは上からエプロンをかけるだけ。お客さまとの会食で外出するときは、エプロンを外して上からジャケットを羽織《はお》って、ストールをかけ、帽子をかぶれば、よそ行きコーディネート。

あらたまった席でも着られる服を普段使いするのは、「もったいない」と思われるかもしれません。でも、たまにしか着ない服をタンスの肥《こ》やしにするのは、もっともったいなくて宝の持ち腐れです。

それに家にいるからといって、誰にもお見せできないようなルーズな格好では、心の張りもなく、出かけるのも億劫になってしまいます。

家のなかでも外でも「ちょっとおしゃれ」が気持ちいいのです。

簡単リフォームでいつも新鮮

洋服は飽きのこないオーソドックスなものを選んでいます。

でも、スカートやパンツの丈は、その時々の流行が反映されるもの。

ほんの1～2㎝の違いで、時代の空気や自分の気分に合わなくなって「なんだか野《や》暮《ぼ》ったい」と感じることもあります。

そんなとき、私は自分でリフォームすることにしています。丈詰めくらいならさほど難しくなく、自力で何とかなるものです。

「えー、先生。あの○○○○（←ちょっと高級なブランド）のスカート、切っちゃったんですかぁ！」

事務所のスタッフが悲鳴を上げても、私は涼しい顔。

こういうときの決断は昔から早いのです。

お金がなかった若い頃は、手持ちのシャツをジョキジョキ切って、ミシンで縫って身頃幅を縮めてしまったこともありました。西部劇に出てくるガンマンのように、体にピタッとくるシャツに憧れたのです。

完成したシャツは理想通りで、デニムと合わせて鏡の前でポーズ。

「うん、なかなかいいじゃない」と悦《えつ》に入《い》ったのはいいのですが、腕を上げようとしたら、ぴったり過ぎて上がらない！

ちゃんと洋裁を習ったわけではないので、そこまで考えが及ばなかったというお粗末な話です。

こんな失敗もありますから、さすがに丈を長くしたいときには、プロに任せています。

一度詰めてしまうと、丈出しは難しいと思われるかもしれません。でも、ものによりますが、たとえばツイード生地なら、布を足してミシンでジグザグ縫いしても、継ぎ目はあまり目立ちません。

「これはもう無理」とあきらめず、リフォーム店に相談してみるといいでしょう。そんなときのために、丈詰めで出た端切れは、処分せずにとっておくに限ります。

こうしてちょっと手をかければ、どんな洋服も新鮮な気持ちで長く着られます。おかげで、今持っているスカートのなかには、15年も愛用しているものもあります。

さすがに最近は裾のあたりがすり切れてきて、やっとそろそろ買い替えどきかなと考えるスカートもあります。

モノに執着《しゅうちゃく》はしませんが、一度買ったらとことん大切にするのがムラカミ流なのです。

服を全部出して、ひとりファッションショー

「先生って衣装持ちですねぇ」

仕事でよくお会いする方が、そう言ってくださったことがありました。

でも私が持っている服は、前述したように全部で30着。それなのに「衣装持ち」と思っていただけるとしたら、あれこれ組み合わせて着回すのが上手だからかもしれません。

たとえばコットン100％の白シャツは、夏はパンツと合わせて涼やかに。

冬は黒のニットの下に着てシャキッと襟《えり》を見せれば、ほどよく清潔感があって、あらたまった席でも安心です。

軽いシフォンのワンピースは1枚で着てもステキですが、上にノースリーブのニットを重ねると、袖だけが表に出てまた全然違う印象になります。

こんなふうにコーディネート次第で、たった30着でも何通りもの着こなしが楽しめるのです。

みなさんはいかがですか？

クローゼットはギッシリでも、季節が変わるたびに「ああ、着るものがない」なんて嘆いていらっしゃいませんか？

ぜひ一度、手持ちの服を全部引っ張り出して、床に広げてみてください。

しまいっ放しですっかり忘れているかもしれませんが、きっと「あら、こんな服も持っていたのね」と、まだ着られる服があるはずです。

それに、広げて見渡せば、「あれとこれを組み合わせてもステキかも」と、コーディネートのアイディアも浮かびやすいんです。

誰も訪ねてこない日曜日の朝など、鏡を相手に、早速ひとりファッションショーなんていかがでしょう。

「上下の色味は合わせるべき」「柄《がら》ものボトムスに、柄もののトップスはタブー」

などという教科書通りの常識にとらわれることはありません。

頭で考えるとケンカしそうな色と色が、実際に着てみるとハッとするほど新鮮でモードっぽくなることもあります。Ｖネックのセーターを後ろ前に着ただけで、これまでと違うボトムスがぴったり合うこともあります。

遊び心でどんどん冒険するのがムラカミ流。

「難しいと思うことも、やったことがないだけで、できないわけではありません」とは、私が大学で学生に言ってきた言葉です。

ファッションも同じです。

失敗を怖れず、とにかくチャレンジしてみるのが大事。

「やってみたら、案外いいじゃない！」と気づくこともあるでしょう。

そうやって一つひとつ自分の好きなスタイルを発見していくのも、おしゃれの醍醐《だいご》味《み》なのです。

スカーフ1枚でパッとステキに！

お店のショーウインドーにバッグをディスプレイするときは、黒、白、茶などの定番の色以外に、必ず一つマゼンタ（鮮やかな赤紫）のようなパッと目につく明るい色のものを置くのだそうです。

すると、不思議。そのマゼンタが差し色となって、お店のお客さまの目は自然とそこに引き寄せられ、バッグのディスプレイ全体がステキに見えてくる。そんな魔法にかけられてしまうのです。

実際によく売れるのは、やっぱり定番色のバッグですが、定番の色だけを置いた場合と比べて、売上げはグンと上がると聞きました。

差し色は、全体の引き立て役なんですね。

洋服もモノトーンやベージュ、ブラウンなど落ちついた色味のときは、鮮やかな色味を加えることでガラリと印象が変わります。

そこで私が活用しているのがスカーフです。喪服用の黒のスーツでも、胸元にチラッとスカーフの色を見せるだけで外出着になります。

タクシーの運転手さんに「おしゃれですね」と、ほめていただくこともあります。

それに、急なお客さまがいらしたときも、スカーフを１枚サッと肩にかけただけで、普通のセーターやシャツが一気によそ行きの顔になるんです。

考えてみれば、日本の伝統的な和装は、まさに差し色文化の極致です。シックな着物に色鮮やかな半襟や帯。帯留めや帯揚げにも色がたくさん入っていて、それでいて全体がまとまってチグハグに見えません。

歌舞伎や浮世絵を見ても、そんな「粋《いき》」な着こなしをしています。私たち日本人は、もともと色合わせが上手なDNAを持っているのではないでしょうか。

ですからスカーフを選ぶときは、難しく考える必要はありません。直感で「好きだな」「きれいだな」と感じた色が、きっと自分に似合う色。そう思い込んでしまっていいのではないでしょうか。

スカーフ以外で便利に使っている小物は、アクセサリーと帽子です。持っているアクセサリーは、画家の有元利夫さんの作品レプリカのヘッドがついたペンダント、金のチョーカー、それぞれ長さが違うパールネックスレスが3本、結婚20年の記念に夫が買ってくれた5連の金のブレスレット、それだけです。

私は、ダイヤモンドなどの光りモノにはあまり興味がありません。それに、たくさん持っていても、結局よく使うものは限られてしまいます。数は少なくても気に入ったものだけを持っていれば、おしゃれは十分楽しめます。

ただ、そんな私も帽子だけは数種類持っています。帽子は難しいと思われる方が多いようですが、本当にただかぶるだけでいいんです。

服はオーソドックスでも全体のイメージがパッと華やぎます。ちょっとカッコよく気取ってみたいときには、ぜひ帽子をお試しください。

ベルトをキュッと締めてマダム風に

「若々しい」のは大いにけっこう。でも「若ぶる」のはいけません。

若い人の真似《まね》をしたところで、体のラインも違えば、歩くスピードも歩幅も違います。流行《はや》りのダボッとしたワイドパンツなど穿《は》こうものなら、私の場合、パンツのなかで足が泳いでさまになりません。

また、最近、ビッグシルエットのコートの前を開けて颯爽と歩く若い女性もよく見かけます。でも、あれもシニア世代が真似をすると、少しだらしなく見えてしまいます。

それぞれの年代ごとに、似合う服も着こなし術も違うと思うのです。

ヨーロッパを旅すると、「ステキだなぁ」と見とれるようなご婦人たちは、コートのボタンをしっかり留めて、ウエストベルトをキュッと結んでいます。

そんな姿が垢抜《あかぬ》けていて、〝大人の女性〟という感じなのです。

体型カバーのために、あえてゆったりサイズの服で体をすっぽり覆い隠している方もありますが、それでは逆にモッサリして老《ふ》けて見られてしまいます。

ニットやシャツの裾をスカートやパンツに入れず上に出したら、ウエスト部分をベルトできっちり締めてみてください。それだけで、おしゃれ度がグンと増します。ベルトは、ジャストウエストよりちょっと高めの位置に巻くと、足長効果も期待できますよ。

「ぽっこりお腹がよけい目立ちませんか？」

とおっしゃいますが、目立ったっていいじゃありませんか。

少しくらいボリュームがあったほうが、貫禄あるマダム風でカッコいいと思います。

1着買うならテーラード・ジャケット

わざわざ新調しなくても、どなたもステキな服をたくさん持っていらっしゃると思います。でも、ちょっと気分を変えてコーディネートの幅を広げたい。そんなとき何か1着買うとしたら、私ならジャケットを選びます。

なかでも私が好きなのは、オーソドックスなテーラード型。スーツのジャケットのような、仕立てのしっかりした襟付きジャケットです。

ジャケットといえば、シャネルスーツタイプのラウンドネック（丸首）で襟なしのものを選ぶ方も多いでしょう。

確かに女性らしく上品なデザインです。ただ襟なしの場合、どうしても首元に年齢が出てしまいます。

その点テーラード・ジャケットは、襟を立てれば気になるところが隠せるし、襟を倒したままでも首元のポイントになります。

襟なしよりも私は、かえって首回りがスッキリ見えるような気がします。「カチッとし過ぎて、堅苦しい」と敬遠される方もいらっしゃるでしょうが、実は、そのカチッとしたところに清潔感と凛《りん》とした若々しさが出ます。


同じテーラードでも、淡いオレンジやピンクなどの色を選べば華やかですし、一見地味なグレンチェックも、シニア世代が着るとエレガントでとてもおしゃれ。

丈は、お尻が半分隠れるくらいのものを選べば、体のラインも気になりません。

私は全部で4着ジャケットを持っていますが、どれもテーラード型です。

色はシンプルなモノトーン以外に、細かいドット柄が入ったレンガ色のものも愛用しています。

同じジャケットでも、袖をひと折りして裏地をちょっと見せるなど、いろいろな着こなしを楽しんでいます。

6㎝のヒールでスッと立つ

「九州男児」という言葉があるように、九州の男性は亭主関白で威張りたがりやです。女性は一歩下がって男性を陰で支えるイメージが強いのではないでしょうか。

実際、九州には、そんな日本の伝統的構図が今も色濃く残っています。

現在私が住む福岡県も、例外ではありません。他の地域と比べると、やはり男性中心の「男性社会」だなと感じます。

本当は女性のほうが強いのかもしれません。でも、あえて男性を持ち上げることでバランスを保っているのです。

もちろん男尊女卑はいけませんが、昔ながらの男性らしさ、女性らしさが残っているという意味では、なかなか興味深い点もあります。

実は、ファッションもその一つです。

東京の出版社の方を、博多の繁華街に案内することがあります。

そんなとき、道行く女性たちを見て、どなたも驚かれるのです。

「博多の女性って、ハイヒールを履《は》く決まりでもあるんですか？」と。

そうなんです。特に男性の目線を意識しているわけではないと思いますが、これも一つの地域性なのでしょう。

博多の女性は、ぺったんこ靴やスニーカーではなく、フェミニンなハイヒールを履きこなす人が目に見えて多いのです。


私の場合は、自分自身が心地いいのでヒールの靴を履いています。

かかとの高さは6㎝。背が低いこともありますが、このくらいの高さがないと、いくら頑張っておしゃれをしても全体のバランスが整いません。

それにハイヒールを履いてバレリーナのようにスッと立つと、背筋が伸びて、身も心も引き締まります。いつまでも女性らしく、若々しくいられる気がするのです。

ストッキングは色選びが大事

完璧《かんぺき》にコーディネートしたはずなのに、鏡に全身を映してみると、なんだかしっくりこない……。そんな違和感を覚えることはないでしょうか。

原因はたいていストッキングにあります。

たとえば派手なカラーや、柄やワンポイント入りのものは、それだけ見ればおしゃれかもしれません。でも、よほど気をつけないと、足元だけが悪目立ちしてしまいます。ストッキングは、やはりなるべくオーソドックスで、しかも手持ちの服と合う色を選ぶのが大事です。

そんなわけで、あるときから私は「ストッキングはこれ」と色とメーカーを決め、同じものを長年愛用しています。

足元が決まれば上は何を着ても決まるので、コーディネートがラクになりました。

ちなみに、私が好きなのは「ウォルフォード」というオーストリアのブランドのニアリーグレイ（グレイとブラウンの中間色）という色です。少々値は張りますが、洗濯機でガラガラ洗っても半年は持つほど丈夫なので、かえって経済的なのです。

ただ、最近これが日本で手に入らなくなって困っています。仕方なく、色だけは似たものを探して使っています。

冬もストッキングですから、料理教室の生徒さんたちからは、「先生、寒そう～」と、よく言われます。でも、分厚いタイツで足元がモッサリしては、せっかくのおしゃれが台無しです。

最初はちょっと寒いかなと思っても、体のほうが慣れて自動的に体温調節してくれるようです。それに、料理研究家たるもの、体は外から温めるのではなく、食べて、内側から温めなくちゃ！

実際、真冬でもタイツどころか、防寒下着もいりません。薄着で元気に飛び回っています。

衝動買いはしません

「大特価。今なら2着買えば、たったの○○○円！」

セールの時期になると、そんなキャッチフレーズをよく見かけます。

1着ダメになったら1着買うのですが、その場合、ショッピングに出かける前に、頭のなかで「こういうものが欲しい」と、色や形、素材のイメージを決めておきます。

好きなデザインのコットン100％の黒Tシャツを見つけました。1枚欲しいと思いましたが、3枚で1セット。購入して孫と娘に1枚ずつもらってもらいました。

「はてさて、本当によかったかなぁ……」と、内心思います。

特に私の場合、エプロンが仕事のときの〝正装〟です。どんなステキな服も、エプロンのジャマになるようなデザインは困ります。

この譲れない条件のおかげで、「お似合いですよ」の誘惑に負けずにすんでいます。

ショッピングは楽しいし、お金を使うのも、ムリのない範囲であればストレス解消になります。必要以上にケチケチすることはありませんが、それでもやはり無駄にモノを増やすのは避けたいもの。

食材の買い物と同じで、リストを作っておくのがおすすめです。

あとは、気に入った店を行きつけにするのも上手な買い物のコツです。

同じ店や同じブランドのものなら、どれを選んでもたいてい自分の体のラインや趣味にも合うようです。デザインの嗜好《しこう》が同じですから、バラバラに買った服でもコーディネートしやすいのも利点です。

ただ、いくら親しい店の人にすすめられても、私の場合、必要ないものはやっぱり必要ありません。「また今度」と言って、引き上げます。

肌と髪のツヤを保つには

年を重ねると、顔に生き方が出るとよくいわれます。

確かに、生き方が輝いている人の顔は、造作がどうかではなく味わい深く魅力的です。ただし、「シワもまた美しい」とまではまだ達観《たつかん》できません。

女性ですからシワにはなるべくご遠慮願いたいし、ツヤも保ちたいものです。

そのためにいちばん大切なのは、保湿ではないでしょうか。

妙なたとえですが、同じ鯵《あじ》でも、干物と生の鯵では干物のほうがよく焼けます。それと同じで、人間の肌も乾燥してカラカラでは、紫外線であっという間にこんがり焼けて、肌の細胞が壊れてしまいます。これがシワやくすみの原因になるのです。

ですから、肌への水分・油分の補給は、意識して若い頃より多めにしっかりと。

これさえ気をつけておけば、外側のメイクは人それぞれです。

髪は、今はストレートのショートですが、若い頃は、ソバージュにしたり茶髪にしたりと、あれこれチャレンジしました。

あまり頻繁にヘアスタイルを変えるので、街でバッタリ会った料理教室の生徒さんから、素通りされそうになったこともありました。

「ムラカミです」

と、こちらから挨拶《あいさつ》したら、

「えっ？　キャー、先生、髪がーっ！」

こんなふうに人に驚かれるのも、当時はちょっと楽しかったのです。

でも、今はパーマや茶髪にはしません。気持ちも落ち着いてきたのでしょう。

肌と同じで、髪にも乾燥防止のためのオイルをつけています。

ヘア用オイルはドラッグストアなどでもいろいろ売られていますが、私が使っているのは美容院で購入している「モロッカンオイル」というモロッコのオイルです。

モロッコといえばアフリカですが、サハラ砂漠ツアーの起点ともなるこの地は、市街地でも日本以上に乾燥しています。そんな地で愛用されているものですから、保湿効果は抜群です。

使い方は簡単で、髪を洗ったらまだ濡れているうちに毛先にオイルをちょっとつけ、指に残った分を全体に馴染ませます。あとはドライヤーをかけてもいいし、私の場合、そのまま自然乾燥させておしまいです。

このオイルが合っているのか、「髪、ツヤツヤですね」とほめていただくこともよくあります。

肌や髪の健康を保つためには、もちろん食生活はおろそかにできません。肉や魚、卵、大豆などのたんぱく質をしっかり摂るのが大事です。

いつも明るく、ちょっと気取っていたい

なつかしい1枚の写真に、髪をおさげにして、シワ一つないパリッとしたブラウスを着てにっこりの高校生の頃の私がいます。

上等な服を着ていたわけではありません。でも、自分で一生懸命アイロンをかけました。それが当時の精一杯のおしゃれでした。

おしゃれは、ほんの少しの工夫です。髪をリボンで結《ゆ》わくだけでもいい。シャツの袖にカフスをつけるだけでもいい。ほんのちょっとでもきれいに見せようとした分、自分がうれしくて気持ちよくて、表情もイキイキと輝くのです。

そんなわけで、80代のシニアの方を対象に料理教室を開いたとき、こんな話をさせていただいたことがありました。

「みなさん、せっかくの外出のチャンスです。ソックス一つでも、ぜひおしゃれして

いらしてくださいね」。

すると、本当に刺繡《ししゅう》入りやレースのついた可愛らしいソックスを履いてきてくださって、教室中が明るい笑顔に包まれました。

落ち込んだときも、おしゃれをすれば、肩胛骨《けんこうこつ》が天使の羽根のように合わさって背筋が伸びます。自信を持ってまた頑張る原動力になるのです。


さて、いろいろと威勢のいいことを申し上げました。

でも鏡を見れば、そこに映っている私は、おかっぱ頭の、まるでちびまる子ちゃんのよう（笑）。どう気取っても、パリのマダムのようにはいきません。

それはわかっていても、おしゃれしていたい。いつも明るく、ちょっと気取っていたい。

「けっこういいセンいってるでしょ？」

そんなふうに少しうぬぼれて生きるくらいが、私の元気のモトなのです。

第4章

「持たない」暮らしで自分らしく

今を楽しく生きるための片づけ

まだ料理研究家になる前の私が出版界にデビューしたのは、1975年2月号の『ミセス』（文化出版局）でした。

タイトルは「わが家のラーメン作り」。日本人の食卓にインスタントラーメンが浸透した時代にあって、大鍋でコトコトスープを煮込むところから始めて、麺以外は全部家で手作りするという発想が新鮮だったようです。

以来、いろいろな雑誌で、「私はお料理マニア」「村上さん常備食」「村上さん生活暦」などといった特集が組まれるようになりました。

どこにでもいそうな主婦の料理や家事の話が共感を呼んだのだと思います。

そんな特集の一つに「食器の整理収納法」がありました。

わが家の食器棚の様子を写真で紹介しながら、必要な食器の揃え方や出し入れしやすい収納法などを提案させていただきました。

ちなみにその食器棚は、大分に住んでいた頃、夫が設計して地元のデパートに注文して作ってもらったものでした。

3段の可変式で、色は私が大好きなアイリッシュグリーンという淡い若草色。今も福岡のキッチンスタジオで活躍してくれています。


私の整理収納術は、その頃からほとんど変わっていません。

日本の住宅事情では、限られた空間でいかに快適に過ごすかが知恵の出しどころです。私は「モノに場所を与える」という考え方で、食器棚に限らず、押し入れ、タンスなど「決まった場所に収まる分だけモノを持つ」を基本にしています。

収納できないようなモノは、はじめから買わないか、一つ増えたら一つ処分するのもマイルールです。

夫の転勤で16回も引っ越しましたが、このようにモノの場所がきちんと決まっていると、荷造りもぐっとラクになります。

たとえばタンスの中身は段ごとにそのままダンボールに詰め、「奥の6帖間、タンス右2段目」などという具合に収納先を書いておきます。こうしておけば新居での荷ほどきも簡単で、すぐに普段の生活を始められるのです。

引っ越すたびによけいなモノが減っていきます。建坪105坪の社宅に住んだこともありましたが、暮らしはいつもシンプルでした。

シニアになったら、収納場所があってもなくても、とにかくモノを増やさないことがいちばんです。少ないモノで暮らしたほうが見た目もスッキリするし、生活が便利で簡単になります。

それに、モノがそのへんにゴロゴロしていて、何かの拍子に踏んですべって転んだりしたら大変です。

そろそろ断捨離《だんしゃり》の始めどきです。

そういうと、「終活《しゅうかつ》」という言葉を思い出されるかもしれません。

確かに、人生いつか終わりは来るでしょう。次の世代に迷惑をかけないように身の回りを整理しておこうというのも大事です。
ただ、人生は現在進行形です。終わりの準備より、大切なのは今。
今、この暮らしをもっと楽しく快適にするために、片づけを始めましょう。

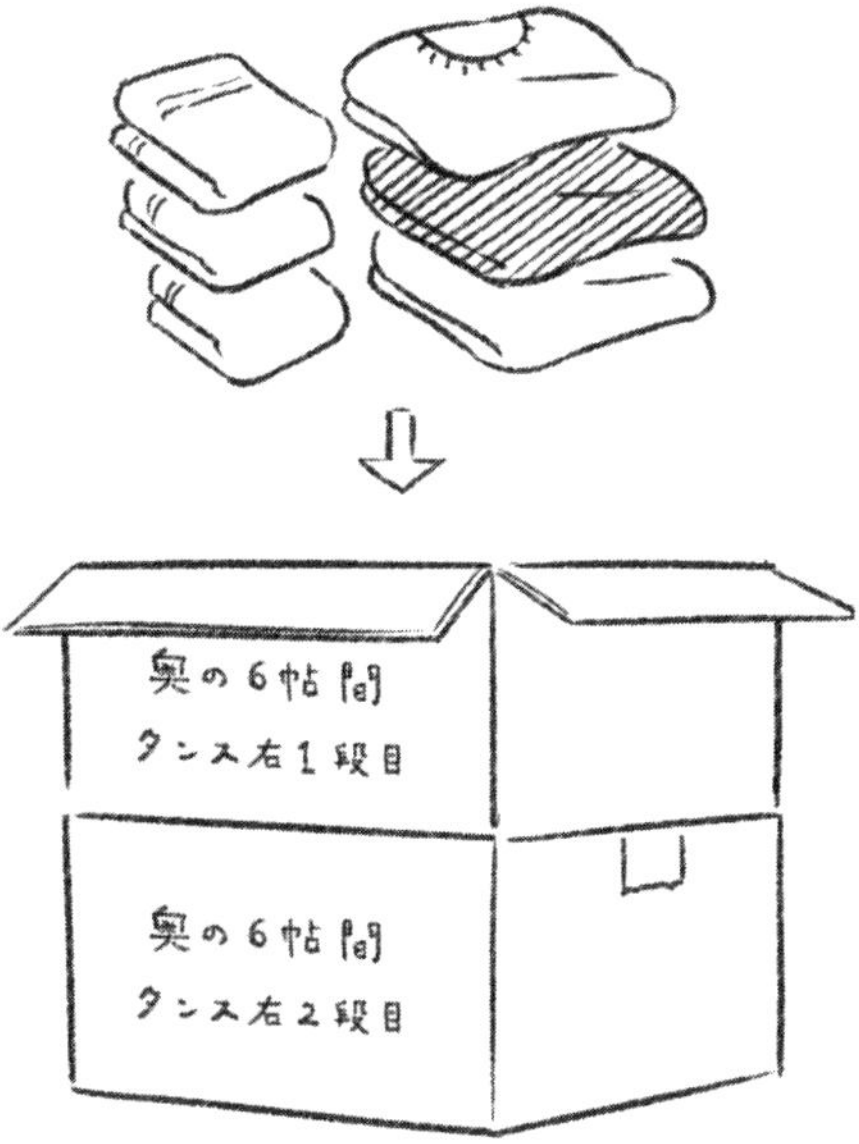

いったん全部出してみる

「先生、一度わが家を見に来てください」

料理教室の生徒さんが、ある日、切羽詰《せっぱ》まった様子で言ってきました。

聞けば、彼女の悩みは「片づけができない」ことだそう。モノがゴチャゴチャあふれていて、何からどう手をつけたらいいかわからないというのです。

片づけ大好きな私です。「ＯＫ！　台所だけよ」と断わって引き受けました。

「まず、引き出しから始めましょう」

で、開けてびっくり。コンビニでもらったアイスクリームのスプーン、お寿司の出前についてきた魚型の醤油《しょうゆ》入れ……。

「いつか使うかも」としまったまま、すっかり忘れられたモノたちです。

こうした場所を片づけるコツは、とにかくいったん全部外に出すことです。

新聞紙があれば広げて、その上に引き出しの中身をバサッとひっくり返します。

こうして俯瞰《ふかん》してみれば、「いる、いらない」がひと目でわかります。

手元にゴミ袋を用意しておいて、不要なモノは端から1個ずつ判断して捨てていきます。

引き出しの内側を雑巾できれいに拭いたら、あらためて「いる」モノだけを戻し、スッキリです。

他にも化粧ボックスや薬箱、文房具入れなど、細々《こまごま》とした場所の片づけは、この方法がおすすめです。

最初からあまり張り切ると、途中で疲れてしまいます。

「今日は、この引き出し1段分だけやろう」と範囲を決めるか、「1時間だけ……」と時間を決めるなどして、頑張り過ぎないことがポイントです。

迷ったら「保留ボックス」へ

第3章に書いたように、洋服の収納に悩まれている方も多いと思います。たくさん持っているはずなのに、いつも出しっ放しの同じ服ばかりを着ているという人も少なくありません。結果、シーズンが変わるごとに着るものがない……。

それは、クローゼットのなかがゴチャゴチャに詰まり過ぎて、本当はステキな服があるのに探し出せないからかな？　と思います。

洋服の片づけのコツは、洋服ダンスやクローゼットに入っているものを、いったん全部出すことです。

しまったままだと、クリーニングのカバーがかかっていたり、奥のほうに重なっていたりで、自分がどんな服を持っているのか、把握できません。

全部引っ張り出してみれば、「えっ、こんなのあったんだ」と買ったことすら忘れていた服や、色もデザインも似たような服が何枚もあることに気づきます。

全部出したら、さて何を処分したらいい？

その判断をするために、まず鏡の前で一着ずつ顔にあててみます。

その服を買ってから、いったいどれだけの月日が流れましたか？

あの頃と比べて、今は年齢も違えば、ヘアスタイルもメイクも違います。暮らしのスタイルも好みも変わっています。

残したいと思ったものは、実際に着てみます。

着たら、鏡に映った自分を〝他人の目〟で観察します。どう贔屓目《ひいき》に見ても似合っていないなと思えば、未練なく処分できます。

ほとんど着ていない服は、「もったいない」「あんなに大枚をはたいたのに……」と、なかなか踏ん切りがつかないもの。

でも、ほとんど着ていないという時点で、すでにその服とは縁が切れているのです。買ったときの一瞬華やいだうれしい気持ちだけを思い出にしまって片づけます。

一般的に、服は大きく分けて外出着と普段着の2通りがあり、外出着として買っても、いたんできたら普段着に下げ、普段着が増えていくのです。

思い切って、その普段着のほうを全部処分してはいかがですか？

私は、畑仕事など肉体労働はないので、外出着も普段着も同じにして、必要最小限の服を手入れしながら着ています。値が張ったからと、「特別な日のために」と、とっておいても、そうそう「特別の日」があるわけではありません。

人生の残り時間は、だんだん少なくなっていきます。毎日好きな服を着て気分よく過ごしたほうが、人生は楽しいと思いませんか？

いらない服は地域の資源回収に出せば、リサイクルされます。

夫の背広などは開発途上国の援助をしているＮＰＯ法人に送りました。この場合、後で送料も指定口座に振り込みます。

これ、いる？　いらない？

3秒考えて結論が出ないときは、捨てずにダンボールなどの保留箱に入れます。捨てたわけではありませんから、必要になったらまた箱から出せばいいのです。押し入れや使わない部屋に置いておけば、普段使うスペースは広くなり、使い勝手がよくなります。

1年たっても出さなかったものは不要なもの。そのとき、あらためて処分すればいいのです。

お気に入りの食器は見せる収納に

食器類も、普段ひとりで使う数は限られています。

用途は特に決めず、直径11㎝の小鉢類で揃えています。壁に取りつけた2段の棚（といっても厚みのある板のことですが）に置ける分しかありません。父から譲られたアンティークの食器類は、教室で使っています。

お客さま用の和洋中のセット皿は、地域や学校のバザーに出しました。引出物でいただいた食器は、挨拶状などを抜いて出します。のし紙も外します。

時間をかけて買い揃えてきた器には、思い入れがあるものです。洋服と同じで、しばらく保留にしておくといいでしょう。

食器棚が二つあるなら、普段使うのは片方だけと決めて、一つを保留ボックス代わりにします。食器棚が一つしかない場合は、手の届きにくい上段や、かがむのが面倒な下段など、出し入れしにくい場所を使わないものの場所にして、普段はその扉は開けません。

逆によく使う食器は、いちばん出し入れしやすい場所に置きます。必要な食器だけですから、何枚も重ねることはありません。見渡せばスカスカ……という感じです。

食器棚の構造にもよりますが、よく使う食器を置いた棚の扉は外すといいですね。

私のオープン棚と同じで、何があるかひと目でわかって、使いやすくなります。

夫が亡くなったとき、6帖のリビングキッチンに、幅75㎝×奥行き60㎝×高さ75㎝のカフェテーブルをセットして、仏壇代わりにしていた小さなお厨子《ずし》を移しました。

空っぽになった仏間を見ると、2枚のふすま仕立ての扉をつける跡があります。

家の改装のたびに世話になっている工務店の大将（社長さん）に尋ねると、「奥さん、ふすま扉は不要だから外してくださいと言いましたよ」。

もう一度作ることになりました。何でも処分の、ムラカミの失敗談です。

今は、6帖のリビングキッチンにあるお仏壇の夫に向かって「やッ、おはよう」と挨拶しています。

情報には「住所」が必要

考えるより先に動くほうです。あれこれ段取りする前に、今やるべきこと、目の前にあることをどんどん片づけていきます。「チャンスの神様には前髪しかないのよ」と、幼い私に言い続けた母親の特訓のおかげです。

高校生のときは、担任の先生だけでなく、他の教科の先生からも資料整理を頼まれました。要領よく片づけるらしく、「すたこらさっちゃん」のニックネームもいただきました。

〝すたこら〟式の資料整理のコツは、モノの整理術と同じで「場所を与える」ことが必要です。

たとえば、新聞や雑誌の役に立ちそうな記事を切り抜きしたのに、そのまま箱に入れておいて結局読み返さなかった……。そんな経験はありませんか？

大切な情報も場所を与えておかないと、結局、役に立たず紙ゴミになります。

料理を仕事として始めた27歳のときから、資料を整理するには場所を与えることが第一と考えたのです。

その頃は、大分市の製鉄所を作るための社員用に建てられた、「昔はたぬきが出ていましたよ」と地元のタクシーの運転手さんに言われたような、山の上のアパートに住んでいました。

赤土にぬかるむ道をバス停まで歩いて下りて、府内町《ふないまち》という大分市いちばんの繁華街に出かけ、文具屋さんで、ためつすがめつ、バインダーを物色します。

「コクヨ ハー４２０」という布張りの36穴のバインダーがベストと思いますが、その頃で１冊２４００円（現在は廃番。１９９８年は４８００円）。私の料理教室の利益ではとても……と、わが家に戻ります。

帰宅して夫に話すと、「二番手のモノで妥協することはまずないきみのことだから、思い切って買ったら⁉」。

晴れて「コクヨ ハ－４２０」を手に入れて、レシピや食に関する情報の切り抜きなどは、その日のうちにそこにファイルしていきました。

保管場所を決めるのは、資料に「住所」を決めることです。

パン、菓子、魚料理、肉料理、和洋中……と、ラベルを貼って所番地《ところばんち》を示しておけば、料理の仕事の依頼が来ても、すぐに資料を取り出し、仕事にかかれます。

おかげで、「できません」「わかりません」と断ったことは一度もありません。

以来、バインダーは増え続け、これまでに約４０００冊となりました。

母校の公立大学法人福岡女子大学理事会に相談をし、２０２３年の開学１００周年記念行事の一つに国際フードスタディセンターが設立されますが、その一環として「村上祥子料理研究資料文庫」として受け入れていただくこととなり、２０１５年、西麻布のスタジオクローズに合わせて福岡に移動。

ひと手間かけて文部科学省の食品コードに合わせて組み替え、整理をし、２０１６年４月に贈呈式が行われ、現在は大学に保管されています。

50万点の資料には、ＰＣが普及する以前の１９６９年からのアナログの文献も多くありましたが、現在は電子化が終わり、検索システムも構築されました。外部から検索ができます。現在、私は大学の資料をコピーして持ち帰っています。今後は、私自身のシンクタンクのような存在になると思います。

私は東京の仕事を終えて帰路、ＪＡＬの機内誌を読み始めます。「モデルさんのスカーフの巻き方がステキ」と思うと、そのページだけ切り取って持ち帰ります。後でもう一度目を通し、私にとって必要な情報にマーカーでアンダーラインを引いてファイルにしまいます。

そうそう、ファイル２２００冊（情報ページ50万点）を大学に寄贈して４年たちました。終活のつもりでしたが、毎日、山のように仕事をしています。結局、新規のファイルが必要になり、現在９６０冊をムラカミスタジオで保管しています。

こざっぱりと暮らす

シンプルな暮らしの実現には、室内を清潔に整えることも大切です。

すっきりと片づき、丁寧に水拭きした部屋に、夏の終わりの風鈴がチリリンと鳴るような……、理想はそんな昭和20〜30年代のこざっぱりとした生活です。

掃除は苦手だからと後回しにする人もいるでしょう。でも、嫌いなものから先にやってしまえば、後がラクだと思いませんか？

私はそのタイプです。子どもの頃はお手伝いさんが家事全般をやっていましたが、主婦になってから、いちばん時間を使いたかったのは料理でした。

そこで、掃除も洗濯も先にすませてしまいます。

朝は、まず掃除から始めます。

窓を開けて新鮮な空気を入れ、掃除機をかけて、床をキュッキュッと水拭き。ドアノブや窓の桟《さん》など、細かいところも菜箸のてっぺんにぬらした布を巻き付けて汚れをとります。

生花はマウスウォッシュを数滴花瓶にたらし（長持ちします）、花が吸った分だけじょうろで水を足します。花がなければ、庭のあじさいの葉を２〜３枚、コップに差します。

毎朝入る風呂も、すんだらお湯を抜いてレザークロスと洗剤で汚れを流します。

ひとり暮らしですが、怠《なま》けているとなんだか居心地が悪いんです。人が見ていなくても、居心地よく整えます。

井戸水を汲《く》み、あかぎれを作って掃除や洗濯をした時代と違い、今は、蛇口をひねればお湯が出るし、便利な道具もあります。

「それなのにサボっていてはバチが当たる」と、私は思い、背筋を伸ばすのです。

漂白剤を賢く使って台所ピカピカ

毎日使うキッチンは、食べ物の製造工場。清潔にしておきたいと思います。わが家はＩＨコンロなので、揚げものなどをすると、アクリル樹脂製のヒータートップに茶色の焼け色が残ってしまうことがあります。

そんな場合は、漂白剤（ハンバーガー屋さんのケチャップやマスタード入れと同じ先の尖《とが》った容器に移し替え、シンクの脇に置いている）を2～3滴たらしてキッチンペーパーを1枚のせ、キッチンブラシに水を含ませ、紙の上からトントン叩《たた》いて水気を行き渡らせ、10分ほど放置。食事が終わる頃には汚れが漂白され、真っ白に戻ります。

まな板も、にんじんを切るとオレンジ色が、ほうれん草を切れば緑色が残ります。水で濡らし、漂白剤をクルッと円形にたらし、キッチンブラシで全体に広げながらこすり、あとはラップをかぶせて、一晩置いて水洗いしています。

一連の作業は毎日の仕事です。キッチンブラシは風呂場にも置いています。汚れを見つけたらすぐゴシゴシ。たいがいの汚れは水だけできれいになります。

他にも漂白剤を使って、週に一度、シンクの排水口の水切り網やフタの汚れ落としと除菌をします。直径18㎝・深さ19㎝の樹脂製のゴミ箱に、漂白剤を小さじ1杯ほど入れて水を8分目まで加え、外した器具やマグカップを浸し、箸などの小物がうっかり落ちないように、排水口の上に置きます。

朝食後にやって、2階のスタジオに出勤し、夕方戻れば、ヌルヌルも茶渋も落ちてさっぱり。あとは水洗いして排水口に戻します。

このゴミ入れも、考えてみれば50年使っています。床に飛び散った油汚れは、食器用洗剤を少量かけて濡らしたスポンジでこすり、その後、水拭き。

新宿三丁目にあった欧米人向けのドラッグストアで、友人のアンさんの真似をしてジョンソン&ジョンソンの洗剤をあれもこれも用途別に買い集め、先進国に住んだようにに得意がっていましたが、どれも成分は同じようなもの。一種類ですむようです。

水切りカゴをやめてみる

一度の食事で、おひとりさまが使う食器や調理器具は、鍋、ざる、耐熱ガラス製ボウル、飯茶碗、汁椀、1、2個の小鉢、湯呑《ゆの》みくらいです。

洗って水切りカゴに伏せたら、次の食事のときもカゴのなかの食器類だけですませる、という話を聞きました。

ということは、本当に必要な食器は、水切りカゴ一つ分だけということです。

水切りカゴが食器棚代わりというのも簡単でいいかもしれませんが……。

私に何かあって、他人がキッチンに入るかもしれません。出しっ放しの食器は、いかにもずぼらに見えます。

作家の佐藤愛子さんが「全部失ってごらんなさい。どうってことありませんよ」

と、著書で語っていますが、水切りカゴを思い切ってなくしても、どうってことありません。

私は、おひとりさまになったとき、水切りカゴを外しました。

まな板にふきん代わりに使っているタオルを敷き、その上に洗った食器類を伏せ、乾いたタオルで拭いて棚に置きます。

あとは、まな板を片づけ、水を含んだタオルは洗濯機にポン。なければないで、すぐに自分で片づける習慣がつきます。

水切りカゴがなくなると、シンク回りのスペースが広くなりました。

捨てないで！　新聞紙は家事の味方です

以前、新聞記者の方が「新聞は、翌日になると〝新聞紙〟に変わる」とおっしゃっていました。確かに情報としての新聞は、日付けが変わればただの〝紙〟になってしまうのかもしれません。でも、だからといって価値がなくなるわけではありません。

わが家では、転勤や引っ越しのたびに新聞紙が活躍。荷造りするとき、食器は1枚ずつポリ袋に入れ、重ねて新聞紙で包み、ダンボール箱に。瓶詰の黒豆をクール便で送るとき、ポリ袋に入れ、新聞紙で包み、空き箱に入れ、すき間があればクッション材代わりにも使います。受け取った先では、シワをのばして平らに戻し、古紙で再生ゴミに出せます。少しですが、プラゴミ減らしに貢献できます。

子どもの頃は、お弁当を新聞紙で包んでいました。汁もれ対策にもなり、保温性があって、冬もご飯がカチカチになりません。昭和の古きよき知恵でした。

インターネット時代になって、新聞をとるお宅は少なくなったそうです。でも、新聞紙の万能ぶりを知る身としては、残念な気もします。

私は、新聞紙をさまざまに利用しています。

たとえば、調理で出た生ゴミや排水口の網カゴにたまったゴミは、新聞紙の上にポンとあけて包んで捨てます。魚をさばくときは、まな板に新聞紙を敷き、その上でおろし、ウロコや内臓を包んでまず冷凍。生ゴミ回収の日に出しています。

シンクに三角コーナーを置いているお宅を時々目にします。温水をしょっちゅう流すので、菌が発生しやすく不衛生になりがちです。

三角コーナーを取ると、シンクがまるまる使えます。私はシンクの中で白菜漬けや大根のガックラ漬けなどを仕込みます。飛び散らず、作業がスムーズに進みます。

ひとり暮らしでも、かき揚げや豚カツも作ります。そのときは、新聞紙を二つ折りにしてキッチンペーパーをのせて、油切りバット代わりです。

花を生けるとき、始末するときも、まず新聞紙を用意。包めば、尖った茎の切り口がゴミ袋を突き破る心配もありません。私にとって新聞紙は、家事の助っ人です。

思い出は「心」にしまう

夫が亡くなったとき、息子に背広を形見分けとして受け取ってもらいたいと思いました。

息子がモーニングと背広をもらってくれることになりました。父親は体格のいい人、息子は細身です。彼のサイズにリフォーム。その代金は、新品の背広が購入できるほどだったのです。

結局、遺品はほとんどすべて、海外の支援活動をしているＮＰＯ法人に寄付してしまい。後でわかったことですが、カーディガンやセーター、マフラーなどはそのまま使えますね。

わが家では、写真もほとんど残していません。

結婚前、友だちと行った四国や北海道、合ハイ（合同ハイキング）、音楽コンサート出演の写真をたくさん持っていました。

そんな思い出のアルバムを抱えて結婚したら、夫にこう言われたのです。

「人生はこれから長いんだよ。写真は1年に1枚あればいい」

1年に1枚は言い過ぎだとしても、確かに夫の言う通りです。

以来、子どもたちの成長の節目や家族旅行の記念写真など、撮影も整理も夫の役目。アルバムも子ども3人、それぞれを用意。彼らが家を出るとき、持って行きました。

今は、そのなかから気に入りの写真を選んで居間の壁にディスプレイしています。こうして飾っておくと、客人との会話のきっかけ作りにもなり、インテリアとしても楽しいものです。

朝食のとき、夕食のとき、写真を眺め、ホッとするのもいいものです。

あの世へ持っていけるモノはない

長く生きてきたので、これまでたくさんの人を見送りました。祖母、母、舅《しゅうと》、父たち。遺品の整理や片づけをしてきました。

いつか私の番になったときのため、毎晩、身辺を片づけて床に入ります。

私は、あの世へ行った後も「さすが、シンプルライフのムラカミさん！」と言われたいと思います。

第5章

いいことは人が運んできてくれる

人との出会いが元気をくれる

福岡（福岡市中央区）の私のスタジオでは、下は3歳児から上は80代のシニアの方まで、二つのパターンの料理教室を開いています。

一つは１９８５年から今まで続く、レギュラー教室。もう一つは東京を引き払った後、２０１５年に開いたシニア対象の自分で料理を作る実習教室。

料理教室を始めたのは、まだ専業主婦だった27歳のとき、結婚してアメリカからみえたばかりの望月アンさんに、日本の家庭料理を教えたのがきっかけです。

アンさんは、夫の同僚の奥さんです。「今度の正月はアメリカ流の甘いローストしたハムのかたまりかぁ……」とぼやく同僚の望月さんに、夫が「大晦日、タッパーを持って奥さんといらっしゃい。やもめでひとり暮らしのぼくの父も上京していますから、一緒に大晦日を過ごしましょう！」。そして、おせち料理をお裾分け。

半年もたたないうちに、同じアパートに住むことになり、アンさんに請われるたびに卵焼きなどを教授。その後、ぬか漬けやとろろ汁を届けたりと、親しくなりました。

アンさんがアメリカ文化センターで「こんな人がいるのよ」と話したことで、アメリカ、オーストラリア、ドイツ……と12人の女性グループができて始めた料理教室。会社の厚生課に許可をもらって、アパートのキッチンが教室です。レッスン代は材料費を含めて1回500円。彼女たちのご主人に希望する料理名をあげてもらってスタート。米の洗い方、みそ汁のだしのとり方、おにぎりの作り方などです。

私にとってはいい勉強になりました。たとえば調味料の計量ひとつとっても、外国人には日本風の「少々」「ひとつまみ」「あんばい」などという表現は伝わりません。量りながらレシピを起こし、翌日はその通りに作ってみる。不具合があれば、修正する。これを英文でやっていました。あっという間に1週間がたち、テキストを印刷しに町に出る。

おかげできちんと分量を量って、誰にでもわかるレシピを起こす力がついたのです。この経験は、その後、私が料理研究家として仕事をするうえで大きなプラスとなりました。

アンさんの教室は、夫の転勤で、一年でクローズ。赴任先の大分で一人だけの料理教室を開きました。噂を聞いた地元の方たちも加わり、おつき合いを深めていきました。時にはすぐに次の転勤が決まって、9カ月で教室を閉じることもありました。別れはつらくても、次の土地でまた新しい出会いがあります。

引っ越すたびに自分の世界が広がっていきます。教室は人と出会える私の世界。それが楽しみでしたから、やめてしまおうと思ったことはありません。

現在の福岡の教室もその延長です。

時々、「料理研究家として忙しいのに、なぜ教室を続けるんですか？」と聞かれます。確かに、レシピ本の制作やテレビの撮影のかたわらに教室の準備をするのは、手間がかかり大変です。

人数分の食材を揃えても直前でキャンセルが出ることもあり、採算だけを考えれば、正直、厳しい面もあります。

でも、料理教室があればこそ、生涯のテーマ「ちゃんと食べて、ちゃんと生きる」を直接お伝えできるのです。

食の世界の流れも素早く感じ取れるのです。

もともと人が好きで、好奇心旺盛です。みなさんと一緒に料理をするのは楽しいし、私にはない人生観も伺えます。

今も毎日元気でいられるのは、こうした人との出会いがあるからだと思っています。

一歩外に出れば触れ合える

「わあ、〇〇さん、こんにちは！」

「いらっしゃい、〇〇さん。お元気でしたか？」

料理教室では大勢の生徒さんたちと挨拶を交わしますが、これも私のエネルギーの源《みなもと》です。人の顔と名前を覚えるだけでも脳が活性化します。

笑顔で言葉をかけ合うことで気持ちも晴れ晴れ。声を出すこと自体、体の活性化につながるといわれています。

子育て中はママ友や、仕事をしていればその仲間など、さまざまな人間関係の輪のなかで生きています。

でも子どもが巣立ち、仕事や社会活動からも離れてひとりになると、身の回りの人の輪は自然に縮小します。結果、家に閉じこもりがちになることに。

けれど、一日中誰とも口をきかないのでは鬱々《うつうつ》としてしまいます。ちょっとした用事でいいので、何か理由を作って外に出るといいですね。

たとえば、コンビニに新聞を買いに行く。家の前の道路を掃くこともいいですね。お向かいのご主人が、デイケアサービスから戻って車を降りるところだったら、「いかがですか？」の声かけもできます。

玄関から一歩出れば、「いいお天気ですね」「ご苦労さまです」など、朝の散歩中の人から声がかかることもあります。

そうそう、朝の散歩もおすすめです。朝なら、知らない者同士でも「おはようございます！」と気軽に挨拶し合えます。

これが昼の時間帯だと、すれ違っただけの知らない人に「こんにちは」とはちょっと言いにくいものです。朝は魔法の時間帯なのです。新しく開店したカフェを見つけたりも。

私自身は、毎日、教室や撮影用の食材購入のために出かけます。

目的地に着く前に、夫のお墓に寄り、お寺さんにも挨拶。郵便局、銀行と用をすませ、知り合いの顔を見ればにっこり言葉を交わします。

家でテレビを相手にしていても、一方通行のコミュニケーションにしかなりません。でも、一歩外に出れば、人との温かな触れ合いが待っているのです。

自分が楽しければ人にも優しくできる

人の名前が出てこない、２階に上がったとたん用事を忘れてしまう。こんなことが続くと、ついに私も……と不安になるかもしれません。でも、それはたいてい加齢による単なるもの忘れ。誰にでもあることです。

私たちは１日におよそ6万回も物事を考えているそうです。すべてを覚えていたら脳がパンクしてしまいます。本当に大切なこと以外はうまく忘れてしまったほうが、脳の健康のためにもいいらしいのです。

料理教室でも、１週間、レッスン日を間違えておみえになる方も。そんな「うっかり力」も大歓迎です。

せっかくいらしたのですから、ちょうどしている撮影を見ていただいたり、お茶をいれておしゃべりしたり。
年齢を重ねると、細かなことは億劫になるといわれます。

実は、私の料理のレシピ本の作り方も、変わってきました。
①完成写真
②材料別写真（切った姿で撮影）
加熱時間や火加減は読まなければなりませんが、パッとひと目でわかる作りです。小さな文字で書かれた説明部分は、あまり読まなくても大丈夫なように作ります。大事なところは、たいてい大きな文字になっています。そこだけ読んでもらえばおいしい料理が出来上がります。

何度も書いてきたように、私が伝えたいのは「ちゃんと食べて、ちゃんと生きる」こと。複雑な手順が面倒で料理しないより、手間をかけずに作って食べて健康な体を目指してほしいのです。

体が健康であれば、心も楽しく人に優しくできます。
ニコニコ笑っていれば、人もニコニコしてくれます。
いい人間関係に恵まれて、毎日が楽しい人生が送れます。

親友はいますか？

東京・杉並区から中野区に引っ越したばかりの頃に、「アンさんの料理教室」をすることになりました。私は3歳、2歳、0歳の子どもがいました。3時間のレッスンの間、子どもをどこかで預かってもらわなければなりません。

そんなとき、社宅住まいは便利です。年格好も似たり寄ったり。そのうえ、夫の会社が同じという共通項があります。連帯感も生まれます。〝困ったときはお互いさま〟と、助けてくれる人が必ずいます。

同じ社宅に、自宅でピアノを教えている人を見つけました。引っ越したばかりでつき合いはありませんでしたが、訪ねていって事情を話したところ、その場で「週に一度、お互いの子どもを預け合いましょう」と交渉が成立。

彼女もちょうど3人目の子どもが生まれるところで、わが家とは子どもの数も年齢構成もほぼ同じ。ということでお互いの条件は貸し借りなしなので、お金のやり取りはしないことに決めました。

預かっている日は、４・３・２・２・０・０歳児の６人の保育園。０歳児さんはベビーチェアとトットトッターという寝椅子に座らせ、あとの４人はおとなの椅子で食卓に。おやつも食べます。食事もします。

その間、レッスンに打ち込むことができたのです。

二人とも家族や家事を大切にしながら、好きな仕事をやりました。私と彼女は、何も言わなくても、その苦労と充実感をわかり合える同志です。

テレビを持っていない私たち夫婦に「洋画劇場があるから、子どもを寝かしつけたらいらっしゃい」と、彼女から声がかかります。

青山の紀伊國屋でアイリッシュミストを１本買って、その空き瓶を持っていたアンさんと半分っこしたアイリッシュミストを私が持参して、アイリッシュコーヒーをご馳走するのが条件です。

交流を深めた私たちですが、一年足らずで私は大分へ、彼女は東京と、離ればなれになりました。

それでも、後に料理研究家になった私が荻窪で講演をしていると、武蔵野市にいる彼女が顔を出してくれるなど、絆《きずな》は切れませんでした。

「ヤッホー!」と顔を見せてくれたかと思うと、差し入れのキウイを渡してスッと帰っていく。大好きだけどベタベタしない関係が、私には心地いいものでした。たとえ離れていても「彼女がいる」のです。


託児所で預かりっこした赤ん坊二人は後日、大学受験会場で出くわすことに。「村上〇〇さん、落とし物を拾得しています」のアナウンスを聞いた松谷〇〇さんが「おやッ、あのときの赤ちゃんでは?」と、声をかけてくれたのです。

夫が亡くなった後、東京からご夫婦とその息子さんがお参りに来てくれました。10年ぶりの再会でした。「あッ、この人となら海外旅行も一緒に行ける!」と思ったのです。離れていても、何年も会っていなくても、親友は親友です。

父が出征中、大きなお腹で母は、私と祖母と若いねえやを連れて、結核療養のために亡き祖父が建てた家がある、半農半漁の町に疎開しました。

妹が生まれた後、食料の足しにしようと畑を借りました。都会暮らしの母は、畑の畝《うね》さえうまく作れません。

地元の消防団の団長さんで、土建業の社長さんでもある占部《うらべ》さんが、見るに見かねて「私が作ってあげましょう」と、加勢を買って出てくれたそうです。「おかげで、野菜を植えることができて助かった」と、後で母から聞きました。

私たち一家は何かと助けてもらい、母と占部さんの奥さんは大親友に。娘の私も恩義を感じ、東京の女子大を卒業して戻ってきた2番目のお嬢さんのお見合いをお膳立て、その流れでお仲人も務めました。私が24歳のときです。

人は一人では生きられません。どんなに強い人でも自立した人でも、話を聞いてくれる友の存在が必要なのだと思います。

食は家族の絆をつなぐもの①

物心ついた頃には、台所仕事に興味津々《しんしん》でした。

井戸から水を汲み、土間のおくどさん（かまど）で火をおこして煮炊きする。そんな昔風の生活でしたが、チンチンと沸いたやかんから湯気が立つ様子や、ごはんが炊き上がって、おひつに移すときの甘い香りが大好きでした。母が調子をくずし、床に伏せっていると、蒸し器で冷やご飯を温めて枕元に運んだりしました。

初めて料理らしいものを作ったのは、7歳くらいだったでしょうか。おとなが教えてくれるわけでもありませんから、まったくの無手勝流！

七輪《しちりん》に油が入った鍋をかけ、〝ドーナツもどき〟を作ったこともありました。今思えば、子どもが揚げものなんて相当危なっかしかったことでしょう。実際、夢中になり過ぎて、前髪をチリチリに焦《こ》がしたこともあります。

母はいったい何をしていたのでしょうか？　私も伺いを立てるわけでもなく、したいようにやっていました。

そのおかげかどうか、中学生の頃には、両親が仕事を始めたこともあり、お手伝いさんに買い物リストを渡し、家族の食事作りをまかされていたように思います。

でも、記憶というのは本人の都合に合わせて作り替えられていきます。どこまで本当かはグレーですが……。

「節《せ》っちゃん、起きなさい！　お姉ちゃん、学校へ行くわよ。お弁当できてるからね」

そんなふうに妹・節子《せつこ》のお弁当も、私が勝手に作っていました。

妹は学校の成績がよくて器量よし。年は二つ違いですが、お姉さんぶって世話を焼きました。

北九州・八幡に移り住んだ後、小学6年生のとき、和菓子の銘店の喫茶コーナーに妹を連れて行き「今日はあなた節ちゃんのお誕生日だから、好きなものをおあがり！」と、祝ってあげたそうです。私はすっかり忘れていましたが……。ずいぶん、おとなびた行動ですね。どこまで行っても食にまつわるエピソードです。

父は戦争から戻ってきても、親から引き継いだ不動産の管理をしながら、好きな絵を描いて暮らしていました。お嬢さん育ちだった母も、そんな父と一緒にダンスをしたり小説を書いたりと、文学少女がそのまま大きくなったような人でした。

少々浮き世離れした家族だったのです。

主婦向け雑誌の『暮しの手帖』を愛読し、料理以外にも掃除、洗濯、アイロンがけにと、私は家事に熱を上げていました。

高校に入る頃には、テレビで『きょうの料理』や『キューピー3分クッキング』などが始まりました。それこそ、まばたきもせずに見ていたそうです。材料も切り方もそっくり覚えて、その日の夕食に出しました。

大学生になると、学校帰りに駅前の露天で買い物をして国鉄の汽車に乗ることもありました。いかにもおいしそうなタクアンを田舎のおばあさんから買ったときは、車両中にタクアンのにおいが漂い、さすがに恥ずかしい思いをしたものです。

そんなわけで、大学を卒業する頃には、すでにひと通りの料理は作れるようになっていたのです。

なぜ、あんなに料理に頑張ったのでしょう。

熱中して何でも取り組むタイプです。くたびれずにやり続けるのです。

成城に住んでいた頃の話です。

枕元で「せんせい！　せんせい！」と呼ぶ声が聞こえます。「ハッ⁉」と思って起き上がると、２階の寝室に撮影の助手さんがいます。

一瞬面食らいましたが、「アッ、10時から料理教室の日！」。

明け方まで徹夜で、バニラスフレを焼くテストを繰り返していました。

女性週刊誌の編集者から、「オーブンから取り出したばかりの、こんもりふくらんだスフレを巻頭ページに」という依頼でした。

43年前は、まだ連続でパチパチ撮れるカメラ技術がない頃。オーブンから取り出して10分間はふくらんだままを維持できるよう、小麦粉を足したり、卵を減らしたり、悪戦苦闘するうちに、空は白々と明けていきます。

「これは大変！　とにかくお弁当を4個作って朝食の仕度。時間があるから、ちょっと仮眠を……」

夫も子どもたちも起きてきて、朝食をとります。

「お母さんは疲れているんだ。起こさないように」。そっと鍵をかけて出かけて行きましたが、たまたまスタッフをしている人が合い鍵で開けて、やってくる生徒さんを室内へ。と、熱中するあまり、こんな失敗談もありました。

食は家族の絆をつなぐもの②

私が小学5年生のとき、人のすすめもあって北九州市に画材店を開いた両親でしたが、いさかいが増えていきました。

ぷいっと出て行ったきり、どこへ行ったのか行方《ゆくえ》を明らかにしない父。そんな父を疑い、責める母……。食事中に口論になって茶碗が飛んだこともあります。飛んだ茶碗が母の指輪にぶつかり、ガチャンと割れました。

「もうこんな家にはいられません」

出ていく母の姿に、私もランドセルを背負い、学校の道具を風呂敷に包んでついて行きます。

母一人で行かせては……と心配したのでしょう。

とにかく両親のことが心配で、学校の帰りに画材店に行って、そーっとなかをのぞいては、二人が一緒にいると「やれやれ」と胸をなで下ろしたものです。

父のことも母のことも大好きでした。おいしいものを食べて喜んでもらいたいと考えたのでしょうね！

家族が一緒に食卓を囲む姿は、私にとって幸せの象徴です。

そのとき食べる料理がおいしければ、笑顔が増えてもっと幸せです。

その後、母は、53歳でガンで亡くなりました。

ガンがわかったときは余命3カ月。私は0歳と1歳の子どもを連れて東京から戻り、毎日、朝から日が暮れるまで病室で付き添います。

体力が日に日に落ちていくからでしょうか？ 病人は一日中、食べ物の話をしているのです。ローマイヤのコーンドタン、ケテルスのチーズケーキ、料亭ちからの押し寿司など。手に入るものは枕元に運びます。

『暮しの手帖』で覚えたバニラアイスクリームを製氷室で固め、アラジン社の広口の魔法瓶に入れて運ぶなど、「一さじでもいいから喉をうるおしてくれないかしら」

と、祈るような気持ち……。

何を食べたかは、どう生きたかの証《あかし》です。おいしいごはんは、人生そのものを豊かにしてくれます。

子どもがみな巣立ったのを機会に、２００７年、思い切りよく調理器具も器も処分して、二人暮らしのシンプルキッチンに作り替えました。２０２０年、ひとり暮らしの現在まで、買い足したもの、処分したものはありません。

この簡素なキッチンで、夕食の時間、突然「天ぷらそばがいいな！」と夫。

お安いご用。冷凍エビを水に浸して戻し、殻を取り、天ぷら衣をつけて、直径22㎝のフライパンで揚げます。

それでワインを一杯やってもらっている間に、乾そばを茹でる。

しょうゆとみりん１人分大さじ１ずつ小鉢２個に入れ、和風だしを耳かき１杯ほど加え、冷水で割ります。

そばが茹で上がりました。ざるへ上げ、水でゆすいでお皿にのせてハイ！
冷蔵庫の刻みねぎと柚子こしょうを添えて完成！
贅沢ではないけれど、できたてを食べる幸せ！
だから私は、料理を作り続けるのです。

誰かと一緒に「おうちごはん」

最近、私の自宅の周りもひとり暮らしの方が増えたように思います。

坂を下って近所のコンビニへ行き、コーヒーのカップを片手に、もう一方の手にはサンドイッチの包みを持って、坂を上って家へ入っていきます。お昼のお弁当を買っている姿も見かけます。

コンビニ弁当も決して悪くはありません。ただ、同じようにお弁当を買っている人がこれだけいるのです。家に帰ってポツンと一人で食べるより、みんなで食べたほうがおいしいはずと、ふと思いました。

どこか集まれる場所さえあれば……。そう考えるうちにひらめいたのが、「私のスタジオはどうかしら?」というアイディアでした。

もともと料理教室としても使っているスタジオです。調理道具や食器類が揃っているのはもちろんですが、生徒さんたちが試食するための食堂もあります。

撮影や教室に使っていない時間を利用して、ここでシニアのための「村上食堂」をオープンするのもいいかもしれません。

食堂といっても、それぞれが買ってきたお弁当を持ち込んでもらえばいいのです。私が簡単な野菜の小鉢料理でも何品か作っておけば、お弁当にプラスして栄養も補えます。1品100円程度なら負担にもならないでしょう。

すでに保健所の認可も取ってあります。

おいしいものを食べながら怒る人はいません。落ち込む人もいません。それに食べながらおしゃべりすると、相手とより親しくなれる気がします。

食は、人の心を明るくし、絆を結んでくれるものです。


コロナ禍《か》で9カ月間お休みをいただいているときも、「先生！　お家にいますか？」と電話があって、生徒さんがスーパーのお弁当を提げて見えました。私はアイスクリームメーカーを回して食後のデザートを準備。

わざわざ食堂へ出かけなくても、たまには誰かと家でごはんを食べる機会を作ってみてはいかがでしょう。

頑張ってごちそうを作る必要はありません。炊きたてのごはんに味噌汁と焼き魚。そんなメニューで十分です。

かえって、そのほうがお互い気兼ねもありません。

おとな同士のつき合いですから、「12時に集合して2時までね」などと決めて、その間、大いに食べて笑って「あー、楽しかった！」。

そんな過ごし方ならストレスにもなりません。

ちょっとした気配りを楽しむ

生花をプレゼントされたら、花瓶に生けたところを写真に撮って、贈ってくださった方に、メールに添付するか郵送するようにしています。感謝の気持ちと一緒に、「こんな元気な花が届きました」と見ていただくためです。

花を届けるときは、生花店から注文することが多いので、実際先方にどんな花が、どんな状態で届いたか、送り主にはわかりません。でも、こうして写真を撮って送れば、「よかった、彩りも素敵！」と安心してもらえます。

お菓子も「お茶の時間においしくいただきました」と、器に一人分盛った写真を送ることも。大変喜ばれますね。

ちょっとした気配りですが、このひと手間が人と人とを繋いでいきます。私自身健康なので、こうした細々したことをしても疲れることがないのです。

撮った花の写真をオフィスに飾って、本物が枯れた後も楽しませてもらっています。

気配りといえば、知人のお宅を訪ねるとき、手土産《てみやげ》で悩むことはありませんか？食べるものにしても、相手が食通だったりすると、何を差し上げても難しい気がします。

そんなとき、案外喜ばれるのが手作りの総菜です。

15種類の野菜をチキンストックとミキサーにかけて煮込んだ自家製カレーを冷凍しています。古くからの友人に、手土産代わりに、このカレーをお持ちしたことがありました。レンジでチンするだけで手軽に食べられ、忙しい日のランチにちょうどいいと好評でした。

同じように、お悔《く》やみに伺うとき、筑前煮やラタトゥイユなど野菜の総菜を持参することもあります。

忙しさにまぎれて、ちゃんとした食事をとれていないかもしれません。弔意《ちょうい》と一緒に「お体を大切に」というメッセージを込めたつもりです。

一生懸命やれば誰かが必ず見ていてくれる

20代の頃の私は、〝料理上手な奥さん〟でしかありませんでした。料理の腕をもっと上げたくても、師匠《ししょう》もいないし、今のように料理の本や情報があふれていたわけでもありません。

そこで私はデパートに行くと、ついでに地下の食品売り場に立ち寄り、実演コーナーがあれば、職人さんがぎょうざを包む手際のよさをじっくり観察。家に戻って見てきたことをそっくりやってみるのです。

こうして調理技術を自分のものにしていきました。

ある日、ケーキ屋さんでショーケースをジーッと見ていたら、店のマネージャーの方が「よかったら上にある工場をご覧になりますか？」と声をかけてくださいました。

「お願い！」と二つ返事で上っていった5階の工房では、大きなオーブンでケーキが次々と焼き上がっていきます。

そして、チーフパティシエの方が、「あなたの作品を見てあげましょう。ケーキを焼いて持っていらっしゃい」と言ってくださったのです。

プロに教えてもらえる、またとないチャンスです。私はすぐさま家に戻ってスポンジを焼き、工場に引き返しました。

「うん。ちゃんと卵の味がしておいしい。けれど、泡立てが足りてないね」

チーフは、私が持参したケーキをスパッと切って、断面をチェックしたり舌にのせたりしながら、さまざまなアドバイスをくれました。

一つひとつが貴重な学びでした。

その後も、東京から指導者が来るから一緒にどうぞと誘われて、講習会に参加させていただいたこともあります。

今考えれば、従業員でもないのに厚かましいと、冷や汗が出ます。

授業料を払ったわけではありません。無名のいち主婦に親切にしたところで、あちらが何か得をするわけでもありません。

それでも、「知りたい」「勉強したい」と一生懸命努力していれば、誰かが必ず見ていてくれます。そして、意気に感じて応援してくれる人が現れるのです。

今の私があるのは、そんな人々のオープンマインドな優しさのおかげです。

余談ですが、デパートの食品売り場では、ぎょうざ以外にも和洋中さまざまな食品の実演コーナーを観察していました。そこで見たものが、知らず知らずのうちに私の料理作りの基礎に組み込まれていったのでしょう。

ある日、生徒さんの前で実演していたら、「先生、そのぎょうざの皮の包み方、逆じゃありませんか？」と言われたことがありました。いつもガラス越しに正面から職人さんの手元を見ていたので、左右逆に覚えてしまったんですね。

人生はギャンブル!?

「チャンスの神さまには前髪しかないのよ」

母によく聞かされた言葉です。「前髪しかないとは、随分へんな神様ね」と思っていました。「チャンス！」と思ったらすぐにつかまないと間に合わない、というのです。後に、八幡に住んでいたとき、イートン校の交換留学生として妹の長男と交換で来た高校生を１カ月ほど預かったことがあります。その人から、イートン校の校訓だと教えてもらいました。

母親の薫陶《くんとう》宜《よろ》しく、私は何ごとも待つのではなく、自分からチャンスをつかみにいくタイプに育ちました。

１９８０年、東京から北九州市の八幡に引っ越しました。西日本新聞社を飛び込みで訪ねたのもその一つでした。

夫は会社へ、子どもたちは学校へ送り出し、家事をすべて片づけても時間が余ります。時は12月、窓の外には雪がちらほら落ちてきます。淋しくなります。

「そうだ！　小学5年生のとき、社会科見学に行った西日本新聞社に行ってみよう」

チーズケーキやブラウニー、フルーツケーキを焼いて箱に入れ、博多駅までJRで。タクシーに乗って西日本新聞社と告げたら、天神ど真ん中の大丸デパートの前に止まりました。「中洲《なかす》の石造りの建物でしたよ」と言うと、「奥さん、間違いありません。降りてください」。

脇にスリットの入ったサーモンピンクの一張羅《いっちょうら》のワンピースを着た私は、新聞社に入っていって受付の女性に言いました。

「何の約束もいただいていないのですが、仕事をいただきたくてまいりました」

グレーヘアの美しい受付の人は相当驚いたようです。

「少々お待ちください」と、編集局のあちこちに交渉してくださり、「文化部の次長がお目にかかります」のひと言で、応接室に案内されました。

次長さんはエッセイ原稿5回分をサーッと斜め読み、「うちでは扱うスペースがありません」と、断られました。

引っ越してくる前、東京で仕事をしていた雑誌が届くたびに、せっせと送ります。半年ほどたった頃、「試《ため》しに預かっている1か月分5回だけやってみましょう」と連絡をいただいたのです。

こうして、西日本新聞で「イキイキさち子の家庭料理」という連載が始まりました。

１か月だけの予定だったのが、その後継続され、週1回1か月分の料理レシピを原稿用紙に書いては、お菓子を焼いて持ってデスクまで届けに行きました。

18年たったところで、新しく着任なさった部長さんに呼ばれ、「あなた、18年も書いていますよ。一度止めてくれませんか？」。で、３年ほど空白のときがあり、再び復帰。

今は「村上祥子のきょうの一品」と名称が変わり、現在にいたり、足かけ40年続いています。コラム原稿はメールに添付して届けますが、月1回、ご挨拶に編集部を訪問、は今に続きます。

子どもの頃はおとなしくて引っ込み思案だったようです。

「ピンチはチャンス」と前だけを見て進む性格は、どうやら後に学びながら身につけたもののようです。

前しか見ていない性格だからこそ、新しい出会いがあり、新しい世界が広がりました。

最近では「ギャンブラー祥子」なる新たなニックネームもいただきました。

安全で平坦な道より、リスクはあってもイチかバチかでチャレンジする道は、スリリングで活気に満ちていることも事実です。

料理は作る人と食べる人の会話

料理教室の生徒さんのご主人から、手紙が届きました。

> 今日、家内が先生の所から手作りのおせち料理を持って帰ってきました。「２時間くらいで、こんなに優しい味つけのおいしいおせちができるなんて！」と感動いたしました。
> そのような感動は生まれて50年、感じたことがありません。家庭料理は作る人がその料理を食べる人の体調や精神状況まで考え、料理を作る人の思いやりがすべて込められていると、初めて気づきました。僕たち二人は家庭料理の温もりを知らない生活をお互い送ってきたと思います。その僕たちは外食で意気投合して結婚したと言っても過言ではありません。（後略）

＊

お手紙ありがとうございました。読んでいくうちに、胸がいっぱいになりました。「こんなに優しい味付けのおせち料理」と言っていただきありがたく思っております。奥様は本当に愛らしい方です。「今度は南蛮漬けを！」「次は白あえを！」と、ご主人のお好きそうなレシピを次々に希望なさいます。鯖ずしの日は欠席でした。後で伺ったら新婚旅行だったそうですね。クラスのほかの生徒さんたちの了解を得て、もう1回させていただきました。

〝ちゃんと食べて、ちゃんと生きる〟という、当たり前のことを伝えるために仕事をしてきました。

今回の2時間足らずでできたおせち料理は全部レンジで作ったものです。短時間でできたわけは、28年間辞めずに仕事をしているスタッフたちが前日、10時間かけて、野菜を洗う、切るなどの下ごしらえをしたからです。

食事は毎日のこと。ややこしくてはとても続きません。50年前、日本人と結婚したアメリカ人の女性たち12人に料理を教え始めました。食べることは個人的な行為。料理を伝えることは個人の世界に立ち入ることとです。後ろからそっと背中を押しながら「これならやってみられる？」と問いかける仕事です。大学で食物学を専攻し、その後30数年教壇に立っていますが、料理そのものは自分で工夫しながら覚えていきました。

「料理って作る人とその料理を食べる人との会話だな」というお言葉。ありがとうございます。じんときました。主人の母は42歳で亡くなり、わが家で長逗留することが多かった舅は、私が何を作っても「お母さんや、おいもさん、こんなにおいしく炊く人はおりませんで……」と、喜んでくれました。亡くなって20年近くたつ舅の言葉を、久しぶりに思い出しました。いただいたお言葉を胸に大切にしまって、これからも料理をしてまいります。

――と、お礼の手紙を出しました。

第6章

毎日を上機嫌で生きる

笑顔の時間は自分で作る

夫婦は血のつながらない赤の他人です。

でも、不思議ですね。私にとって夫は、いちばんの親友で、いちばんの応援団でした。

1979年春、夫が北九州市の製鉄所に転勤。私立中学校に通っていた子ども二人と小学生一人を連れて、半年遅れで合流。

10年たった1989年（平成元年）に、このまま東京本社に戻らないなら福岡に住むことに決めて、現在住んでいる福岡市中央区御所ヶ谷に家を建てました。1階が駐車スペース、2階がスタジオ、3階が居室です。

3月末に新居に引っ越しましたが、4月1日付けで夫は東京本社に転勤の辞令。成城の自宅を処分するとき、もしものときのために目黒の中古マンションを購入していたのが幸い。

大学進学が決まった末の息子と夫の転勤、そして私の転居で、3月末に3か所へ荷造りをして送り出しました。そして、福岡での生活を始めたところ、6月1日付の辞令で、夫が北九州市へ戻ることに！

「しめた！」と思いました。年寄りの世話が終わり、子どもたちが家を出たら、メディアの仕事に戻ろうと心に決めて勉強をしていましたから……。

このときの夫の一言「きっとそう言うだろうと思っていた」。

マンションの管理組合の許可を取り、リフォームの業者とFAXのやりとりで、目黒のマンションをスタジオに改造。

その年の春は、管理栄養士の国家試験にも合格。私が47歳のときです。以来、福岡と東京をJALの回数券で往復し、自称「空飛ぶ料理研究家」に。仕事が手早いムラカミに、昔のつてで注文はありますが、ちょい仕事ばかり。

「ちゃんと食べて、ちゃんと生きる」を伝えるために飛行機代をかけて飛んでいるのに、これでは風向きが違います。

その頃、すでに40万点を超えていた料理の資料やレシピを、東京で評価していただこうと考え、高さ230㎝×幅90㎝のスチール本棚21台が入るオフィスを探すことに。

晴れて西麻布の住人となったのは、53歳のとき。大学時代の教え子が一緒に働くことになり、給料を払うために会社を設立。

夫は定年退職後、経理部門を一手に引き受け、ビジネス上のマナーやルールのアドバイスもくれました。

そしてプライベートでは一緒にシンプルライフを楽しみ、いつもよき話し相手でいてくれました。

そんな夫を送って、6年になりました。

3年たった頃には、テレビに映った子どもの笑顔にフフッと笑っている自分がいました。月命日には欠かさずお墓参りしていたのが、少しずつ間隔があき、今は、「ご主人は？」と聞かれても「亡くなったんですよ」と普通に言えるようになりました。

人生をお芝居にたとえれば、これまでは私と夫とのダブル主演でした。これからは、私ひとりが主人公。自分を幸せにするもしないも、すべて自分の責任です。

ひとりでくよくよしていても、誰かが笑わせてくれるわけではありません。笑顔の時間は自分で作るものです。

残りの人生を楽しむためにも、毎日を機嫌よく過ごしていきたいと思います。

家の中にも「他人の目」

食材購入のため、毎日のように出かけます。

そんなとき目に留まるのが、年輩のご夫婦の姿です。

交差点に立つ二人、奥さまのほうが時折ご主人の顔をチラッと見ながら何か話をしています。かつての私の姿を見るようです。

どんなに威張っているように見える妻でも、夫の自尊心を傷つけないように、大事な場面では夫の判断を仰ぎます。

そんな光景を目にすると、「私たちもそうだったな」と、亡き夫を思い出します。

先日、大学の同窓生と集まる機会があったのですが、

「もう気楽なものよ。いつ食べて、いつ寝たっていいんだから」

確かに、ひとりになったら何をするのも自由です。
けれど、誰も見ていないからといって、朝いつまでも寝ていたり、キッチンに洗いものがたまっていたりでは、生活にツヤがなくなり、投げやりな気持ちになってしまいます。

自立の喜びを味わうためにも、規律は必要です。
朝は定刻に起きる、誰に見られなくても身繕《みづくろ》いをする、1日3回の食事をとる、時には人と会って自分に活力を与える。その繰り返しが、自分らしく生きていくための秘訣です。

おひとりさまになっても、家の中に〝他人の目〟があるつもりで暮らします。

つらいときにはプチ旅行

数時間だけ家出をしたことがありました。

20代後半の頃、わんぱく盛りの3人の子どもの育児と家事で、心身ともに疲れ果ててしまったのです。

助けを求めたくても、大分へ引っ越したばかりで近くにまだ友人もなく、夫は忙しい盛りで残業続きです。

母も姑《しゅうとめ》もすでに他界していて、相談相手がありません。どうしようもなく追い込まれた気持ちになって、子どもを置いたまま家を飛び出したのです。

大分駅まで行きましたが、知り合いに「村上さん、どちらまで?」と声をかけられ、これはやばいと、大分で唯一のホテルの最上階のレストランへ。

スモークサーモンとパンを注文し、食べながら眼下の川の流れを見つめました。

もう一皿、スモークサーモンをいただきました。ただそれだけのことです。

でも、おいしいものを食べて、ひとりの時間を過ごすだけで、普段の元気な自分に戻れたのです。

誰だって淋しさに襲われることや、不安や心配で胸が締めつけられることもあります。そんなときは、思い切ってどこか旅に出てはいかがでしょう。

いつもと違う景色を見て、いつもと違うちょっと贅沢な食事をする。

そんな無駄づかいで、気持ちが晴れることがあります。

病院での検査結果を待っているあいだ、

「東京へ1日日帰り旅行はいかが。銀座に行って少し無駄づかいして、おいしいものを食べていらしたら、スカッとしますよ」

と、人にすすめたこともあります。

考えていても、検査結果が変わるわけではありません。

どんな結果になってもそのときはそのとき！　と、強い気持ちになれたそうです。

働くことは生きる証

3月に大学を卒業し、4月に結婚しました。

1964年、ちょうど東京オリンピックが開催された年です。プロポーズの言葉は「オリンピックのチケットを4枚持っているのだけれど……」でした。

1枚は四国の父、1枚は東京の大学に進学した10歳年の離れた妹、そして自分、あとの1枚は未来の伴侶となる人用に購入したのだそうです。

学校を出たらバリバリ働くと決めていました。アメリカに行きたいという思いもありました。外資系のコンピュータ会社に就職も決まっていました。けれど夫と出会って「永久就職も悪くないかな」と思い直したのです。

ところが、ふたを開けてみれば、優雅な専業主婦というわけにはいきません。当時の夫は、私立大学に通う妹の学費を負担していたうえに、自分の奨学金の返済もあって貯金ゼロ。

かつて先輩にしてもらったように、毎晩のように部下を連れて帰っては、ごはんを食べさせるのが男の甲斐性と思い込んでいた節もあり、給料のほとんどが食費に消えていきました。

愛読書だった当時320円の雑誌『栄養と料理』が買えないほどです。

自分の自由になるお金が必要です。ピアノ教室の講師、英語、数学の家庭教師もやりました。


働くことはちっとも苦にはなりません。夕飯の仕度をして、午後から出かけ、仕事を終えて主婦に戻る生活です。

料理教室を始めた頃、舅からこんなことを言われました。

「お母さん（私のこと）や。仕事せんでもええでっせ。啓ちゃん（夫・啓助のこと）がしっかり働いておりますよって」

夫の実家は香川県の高松市です。関西弁に近い讃岐《さぬき》弁は表面的には柔らかいのですが、息子の沽券《こけん》に関わるという思いがありありと伝わってきました。

また、こうも言われました。

「料理の作り方をいろいろやっているようだけど、そんなもん、本や新聞に出ているものを書き写せばよろしいことですが……」

その後、本を出版したり、テレビの料理番組に出演したりする私を見て、舅は、

「村上の名前をこんなに世の中に広めた人はおりませんで」

と、息子の嫁を自慢してくれるようになりました。

有名になるために働いているわけではありません。でも、そのひと言は何よりのご褒美《ほうび》でした。

何歳になっても成長できる

何歳になっても、人は働くことで輝きます。

幸い、シニアにも働く場が提供される時代になりました。

引退した私のスタッフのなかには、地元の公民館での料理教室の講師を頼まれた人もいます。報酬は謝礼程度で、生活の足しになるわけではありません。

でも、自分の得意なことを生かせて、人に感謝もされるのですから、こんなにうれしいことはありません。

すでに退職された方は、自分の特技を生かして、何か始めてみてはいかがですか？

私の知り合いには、学童保育を手伝う人や、自分で子ども食堂を始めた人もいます。

まず一歩を踏み出すことです。やってみてできないことがあったら、工夫につながります。

大学の非常勤講師を長くやってきました。気づいたことは「まず始めてみること」の大切さでした。

料理は化学です。実験が不可欠です。新しく実験を始めるときは、到達点を予想します。そこへたどり着くための方法を組み立て、それに従って作業を開始します。実験の場合は、やる前から正解がわかることはまずありません。

まずやってみて、失敗したらそれをヒントに「次は水分量を減らしてみよう」など次の手を考えます。

卵1個50ｇに含まれる水分量を計算し、砂糖と小麦粉の量を計算し、６００Ｗの電子レンジで1分20秒で出来上がる「ふわふわのスポンジケーキ」も考案しました。「電子レンジ発酵パン」もその一つ。２０１６年、日本電磁波エネルギー応用学会に、東京工業大学大岡山キャンパスで開催された「電子レンジでパン大革命」の講演に招かれました。

私の人生も同じでした。

決して着実に成果を上げてきたわけではありません。何度も挫折や失敗をし、そのたびにもがき、暗闇のなかから手探りで次の道を探しました。

そうやって一段一段、階段を上がってきたのです。

病気で仕事を中断せざるを得なかったこともありましたが、上がった階段は決して下りずに、また上を目指して、今があります。

仕事でもボランティアでも、最初からうまくいくはずがない。でも、やってみなければ何もわからない、と考えれば気もラクです。無理をせずにとよく言われますが、無理をしなければ、何も見つけることはできません。よい結果も生まれません。

振り返らない、くよくよしない

本格的な料理研究家として東京・西麻布（港区）にスタジオを開設してから、自宅のある福岡と東京を飛行機で頻繁に往復するようになりました。

あるときは、朝いちばんの飛行機で福岡に飛んで料理教室で教え、午後には東京でテレビの生放送に出て、最終便で福岡へ。そのように1日3便乗ることも珍しくありませんでした。

それが2日続いて、航空会社から「搭乗の予約をお間違えではありませんか？」と電話がかかってきたこともありました。飛行距離は伸びる一方です。「空飛ぶ料理研究家」を自称していましたが、現実のものになりました。

そんな忙しい日々を、いつも前だけ見て突っ走ってきました。

面会日を一日間違えたり、失礼な結果を招いてお詫《わ》びに伺ったことは数知れません。福岡と東京は１０００㎞離れています。まず、電報で謝罪し、日を改めてお詫びに上京します。

大きな困難にぶち当たったことも、何度もあります。

それでも、「あのとき、しなければよかったね……」と過去を振り返ってスタッフに言ったことは一度もないそうです。

『風と共に去りぬ』のスカーレット・オハラのように、まずひと晩眠って「明日、考えよう」。そうやって気持ちを切り換えてきたのです。

戦後、日本人は「明日は今日よりいい日になる」と信じて、焼け野原から立ち上がりました。戦中生まれの私にも、そんなたくましい精神が息づいているのでしょう。

自分はやれると信じて、勇猛果敢にチャレンジし続けてきました。人から見たら危なっかしいかもしれませんが、これが私です。

年をとっても精神だけは若々しく、変化を怖れず私らしく生きていけたらと思います。大変だけれど、これが楽しい人生なのです。

上機嫌の基本は健康です

最近「ロコモ（ロコモティブシンドローム）」という言葉をよく聞きます。

足腰の筋肉の衰えや骨《こつ》粗《そ》鬆症《しょうしょう》などが原因で、歩く機能が低下した状態のことをいいます。日本整形外科学会が発表した「ロコチェック」によれば、

- 片脚立ちで靴下が履けない
- 階段を上がるのに手すりが必要である
- 横断歩道を青信号で渡りきれない

などに思い当たったら要注意だそうです。

シニアの生徒さんのなかにも、「立ったままで調理するのがつらい」とすぐに椅子

に座る人がいますが、これもロコモティブシンドロームの予兆かもしれません。

運動筋作りに、たんぱく質、カルシウム、ビタミンD、ビタミンCを心がけて摂るようにしています。

私はスティック状のプラチナミルク（「雪印ビーンスターク」1本10g入り）を、バッグに2本ほど入れています。新幹線の車内販売でコーヒーを買ったら、プラチナミルクをプラス。こくが出ておいしくなります。白あえの衣づくりにも使えます。

偉そうなことを言っても、私は運動嫌い。以前はどこへ行くにもタクシーでした。でも、ある日「待っているのは介護の世界」とひらめき、シニア用バス定期（グランドパス）を購入。1日1万歩は歩いています。

今も、食材を10kg詰めたバッグをかついで、往復2㎞ぐらいは歩いています。

それから、私の筋力アップ作戦はもう一つ。毎朝トランポリンを跳ぶことです。

これは知人からプレゼントされた室内用のもので、朝、ピョンピョン100回跳びます。体幹が鍛えられるそうで、気分も爽快になります。天気が悪くて外を歩けない日も、跳べば歩数を稼げます。

今のところケガもなく、楽しみながら続けています。わが家を訪ねた方はトランポリンを必ず跳んでいます。跳（飛）ぶのは人間の本能なのかもしれません。

ロコモ防止のためにもう一つ大切なのは、食事です。

最近ではシニア向けのサプリメントもいろいろあります。アメリカのスーパーマーケットに入ると、ビタミン、ミネラルなどのレインボーカラーの錠剤が量り売りされていることも。

サプリは、純粋といえば純粋な栄養素ですが、ビタミンCも、ナトリウム（Na）と結合させてアスコルビン酸ナトリウムとして人工的に作られたものです。

今アメリカで、長年摂取を続けた結果、腎臓や肝臓に負担をかけている症例が問題になっています。

特定の栄養素を必要以上に摂取することは、結果的には食事の栄養バランスを崩すことになりかねません。

栄養は、自然の恵みのなかで育った野菜や肉や魚から摂るのがいちばんです。日々の食事が何よりの薬なのです。

沖縄で言われていますね。「ぬちぐすい」。

古くから中国と交流のあった沖縄に伝わった薬膳料理から生まれた医食同源、薬食同源、日々の食事で体の状態を健康に保つのです。

おわりに　～生きているのが、いちばん面白い～

人間は必ず死ぬと決まっています。死は特別なものではなく、生《せい》の一部です。延長線上にあるものです。

あまり、死を怖れたことはありません。

いつかガンになるんじゃないか……と病気に怯《おび》えながら生きていても、明日、交通事故であっけなく死んでしまうかもしれません。

それより、今日一日を元気にするために食べて、きちんと生きる毎日を積み重ねていきたいと思っています。

たまたま誕生日が同じ2月18日ということで、奥さまの田沼敦子さんを通しておつき合いをさせていただいている、日本写真家協会会長を務めた田沼武能《たけよし》さん。昨年91歳になられたときにお祝いを申し上げたら、いただいた手紙に「まだまだ仕事をするつもりです」とありました。

その田沼さんによれば、91歳は、90歳の「卒寿」から1年目なので「卒一（ソツイチ）」と呼ぶのだそうです。

卒一、卒二……と、まるで学生時代の学年を数えるように年をとる。若々しくて楽しい発想です。

私も、生涯現役で自分の持っているエネルギーを最後の最後まで使って仕事をしたいと思います。

子どもたちに遺言を残すつもりもありません。

それぞれが自分らしい人生を生きていけばいいのですから。

事務的なことは箇条書きにして、在り処《か》を息子たちに伝えておきます。

とはいえ、そんな箇条書きさえまったくの手つかずです。今日を精一杯生きることに忙しくて、死んだ後のことを考えているヒマがありません。

結局私は、今、生きているのがいちばん面白いのです。

２０２１年２月

村上祥子

※本書は、「ＰＨＰ」誌増刊号（２０２０年7、9、10、11月号）に連載された「70歳からの素敵なおひとりさま暮らし」に新たな原稿を加えまとめたものです。

〈著者略歴〉

村上祥子（むらかみ　さちこ）

料理研究家、管理栄養士、福岡女子大学客員教授。1985年より福岡女子大学で栄養指導講座を担当。治療食の開発で、油控えめでも一人分でも短時間でおいしく調理できる電子レンジに着目。以来、研鑽を重ね、電子レンジ調理の第一人者になる。「ちゃんと食べて、ちゃんと生きる」をモットーに生活習慣病予防改善、個食時代の一人分簡単レシピ、小・中学校や幼稚園・保育園への食育出張授業、シニアの料理教室などに力を注ぎ、「電子レンジ発酵パン」「バナナ黒酢®」「たまねぎ氷®」「にんたまジャム®」など数々の健康を助ける常備食を考案しヒットさせている。これまでに出版した著書は500冊を超える。

著書『60歳からはラクしておいしい 頑張らない台所』（大和書房）が料理レシピ本大賞2020エッセイ賞を受賞。

公式ホームページ　http://www.murakami-s.jp/

ちょっとおしゃれでずっと元気に暮らす

2021年3月4日　第1版第1刷発行

著　者　村上祥子
発行者　後藤淳一
発行所　株式会社ＰＨＰ研究所
東京本部　〒135-8137　江東区豊洲5-6-52
第一制作部　☎03-3520-9615（編集）
普及部　☎03-3520-9630（販売）
京都本部　〒601-8411　京都市南区西九条北ノ内町11
PHP INTERFACE　https://www.php.co.jp/

組　版　株式会社PHPエディターズ・グループ
印刷所　株式会社精興社
製本所　株式会社大進堂

 ISBN978-4-569-84847-1

PHPの本

100歳まで元気でいるためのパパッと簡単！ 作りおき

体を丈夫にする食べ方の工夫

村上祥子 著

「元気に長生き」はおいしく食べる！が基本です。偏りがちな栄養バランスも、頑張りすぎない「村上流作りおきのコツ」でパパッと解決。

定価 本体一、三〇〇円（税別）